오캄이 들려주는

면도날 이야기

오캄이 들려주는

면도날 이야기

ⓒ 오채환, 2008

초판 1쇄 발행일 2008년 3월 26일
초판 10쇄 발행일 2022년 6월 3일

지은이   오채환
그림   이효정
펴낸이   정은영

펴낸곳   (주)자음과모음
출판등록 2001년 11월 28일 제2001-000259호
주소   10881 경기도 파주시 회동길 325-20
전화   편집부 (02)324-2347, 총무부 (02)325-6047
팩스   편집부 (02)324-2348, 총무부 (02)2648-1311
e-mail   jamoteen@jamobook.com

ISBN   978-89-544-1985-7 (64100)

오캄이 들려주는
면도날 이야기

오채환 지음

㈜자음과모음

책머리에

　여러분은 이 책의 제목을 보면서 '도대체 철학 이야기에 웬 면도날이 등장할까?' 라는 생각을 할 수도 있을 것입니다. 면도날은 말 그대로 면도 즉, 보기 흉하게 자란 수염을 다듬거나 자를 때 쓰는 하찮은 물건이니까요. 하지만 이 책에서 이야기하는 면도날은 수염이 아닌, '군더더기의 말과 생각' 을 자르거나 다듬는 '철학적 면도날' 을 뜻합니다. 말하자면 사람들의 생각과 그것을 표현하는 언어에 발생하는 혼란을 없애고자 하는 일종의 세련된 사고방식을 빗대어 일컫는 것입니다.

　이처럼 형체도 없는 특이한 면도날이 세상에 처음 등장한 것은 700년 가량 거슬러 올라가는 아주 오래 전 일입니다. 당시는 서양의 역사에서 아직 근대과학이 나타나기 직전인 낡은 중세의 후반입니다. 하지만 모든 새로움은 앞선 낡음의 끝과 맞닿아 있음에 비추어 생각해보면, 당시부터 근대라는 큰 새로움을 예비하는 사고방식도 싹트고 있었음을 충분히 짐작할 수 있지요. 실제로 '오캄의 면도날' 은 바로 그런 새로움과 날카로움을 지닌 사고방식을 가리켜서 후세 사람들이 붙여준 이름입니다. 그리고 이런 이름이 오늘날에도 사용되는 것은 그 새로움과 날카로움이 아직까지 살아있을 뿐 아니라 여전히 필요로 하고 있는 것이기 때문이랍니다.

　그렇다면 과연 오캄(실제 이름은 윌리엄이지만 영국에서는 워낙 흔한 이름이라 혼동을 막기 위해 '오캄 지방 출신의 윌리엄'으로 부르던 것이 그냥 오캄으로 굳어졌음.)이라는 중세말의 인물이 어떤 혁신적인 주장을 펼쳤기에 오늘날까지도 유효할까요? 구체적 발단은 당시 기독교 신앙과 교리에 관한 입장을 둘러싼 문제에서 비롯되었습니다. 하지만 실질적으로 영향을 미친 범위는 그것을 훨씬 뛰어넘는 것입니다. 요약해서 쉽게 풀어 말하면 다음과 같습니다.

　"사실을 이야기할 때, **이름뿐인 것**을 실제로 있는 것처럼 말하지 마라!"

　오캄이 간단해 보이는 이 한 줄의 격언을 주장하기까지는 실로 크나큰 용기와 지적 양심을 필요로 했으며, 그 속에는 엄청난 논쟁과 사고의 발전이 잠재되어 있었습니다. 여기서 오캄이 면도날로 도려내고자 했던 것은 '이름뿐인 것'이었습니다. 애초에 그것은 후세 사람들이 '플라톤의 수염'이라고 부르기도 하는 '현실과 동떨어진 이데아의 세계'였으나 나중에는 '불필요한 가정'이라는 의미를 가지면서 격언은 다음과 같이 변천했습니다.

"과학적 사실을 나타낼 때, 불필요한 가정을 만들지 마라!"

　실제로 과학 발전의 역사란 과학이론에 불필요한 가정을 제거해 나가는 역사임을 감안하면, 과학이 발전을 거듭하는 한, 오캄의 면도날도 시대에 맞춘 날 세우기를 거듭하면서 효력을 이어나갈 것입니다. 코페르니쿠스와 베이컨은 그런 전통을 충실히 이어나간 초기의 두드러진 일부 예시에 지나지 않습니다. 따라서 첨단과학의 시대에 사는 여러분도 과학적 사고의 결정적 실마리가 되는 이 철학 격언의 참뜻을 깊이 새겨둘 필요가 있습니다.

　이 책이 여러분의 그런 뜻 새김을 쉽고 재미있게 하는 데 도움이 된다면 참 좋겠습니다.

2008년 3월
오채환

C O N T E N T S

"'흑돼지 잘 있어. 우리 악수 하자."

강아라가 손을 내밀었습니다.

"뭐야 강아라! 갑자기 너 답지 않게 그 진지한 표정은 뭐야."

강아라가 점점 멀어져 갔습니다.

"강아라! 강아지! 너 왜 그래, 강아지!"

"음…… 강아지…… 강아지……."

"얘가 맨날 강아지 기르자고 노래를 하더니 이제 잠꼬대까지 하네,
얘! 의지야! 어서 일어나! 어머 우리 의지 엉덩이 토실토실한 거 봐.
후훗! "

찰싹! 찰싹! 엄마는 제 엉덩이를 때리시면서 저를 깨우십니다.

"엄마 싸나이 엉덩이를 그렇게 때리시면 어떡해요."

저는 두 손으로 엉덩이를 가리면서 계속 베개에 얼굴을 묻고 조금이라

도 더 자려고 안간 힘을 써 봅니다. 그러나 곧 엄마의 간지럼피우기 작전으로 일요일 아침의 달콤한 잠은 끝이 나게 되었습니다.

일어나 앉긴 했지만 밤새 누가 눈꺼풀에 쇳덩어리를 달아 놓았는지 도무지 무거운 눈이 떠지지 않습니다. 그러게 인터넷 같은 걸 하는 게 아니었습니다. 몇 시간이 후딱 지나는데 정작 그 시간 동안 뭐 도움이 될 만한 건 별로 없다니까요. 컴퓨터에는 시간을 잡아먹는 괴물이 사나 봐요. 하여간 컸다 하면 잠깐 본 것 같은데도 서너 시간은 훌쩍이거든요.

아참, 다들 밥 먹고 있다고 했지? 그래도 자는 동안 소화가 다 되긴 했나 봐요. 밥 생각하니까 눈꺼풀이 반짝 떠지는 거 있죠. 밤사이 굶었으니 얼른 나가서 밥 한 그릇 먹어야겠어요.

제 눈에는 그렇게 심각해 보이지 않는데, 친구들은 저를 보고 '제주 흑돼지'라고 놀려요. 피부가 까무잡잡하고 뚱뚱하다고요. 차라리 '뚱뚱이'나 '통통이', 그런 게 더 낫지 않아요? '제주 흑돼지'가 뭐냐고요. 내가 제주 흑돼지 오겹살을 얼마나 좋아하는데……. 그냥 삼겹살보다 껍질도 더 쫄깃하고, 고기도 보들보들 한 게 진짜 맛있거든요. 상추에 싸서 쌈장 넣고, 구운 마늘까지 탁 얹어서 씹으면……. 햐! 생각하니까 또 입맛이 당겨지네.

그러니 내가 제일 좋아하는 흑돼지를 내 별명으로 부르면 그 기분이 어떻겠어요. 내가 나를 먹는 것도 아니고…… 너무 하잖아요?

　그렇게 부르게 된 건 순전히 강아라 탓이에요. 강아라는 우리 옆집에 사는 여자애인데, 무늬만 여자애지 완전 남자라니까요. 괜한 시비 거리 만들어서 만날 나한테 싸움 걸고, 놀려먹기만 하거든요. 워낙 여자애 같다는 생각이 안 들어서 '아라야~.' 이렇게 부르는 건 상상도 안 돼요. 이름만 부르는 건 너무 닭살스럽잖아요? 더구나 강아라에겐 절대! 어울리지 않는다고요. 그래서 강아라는 나한테 항상 '강아라' 예요.

　그런 강아라가 언젠가부터 나를 보고는 얼굴도 까맣고 몸도 커다란 게 꼭 제주 흑돼지 같다고 부르기 시작하더니, 어느새 모든 아이들이 그 별명을 따라 불러서 그만 내 이름이 되어버리고 말았다니까요. 고깃집 간판에 그려져 있는 돼지랑 꼭 닮았다나? 하필 그런 애가 우리 옆집에 살 건 뭐냐고요. 생각하다 보니 더 열이 나네!

흑돼지와 강아지

 산업화 시대에 우리가 배운 모든 것들은 더욱 많은 복잡함을 만들어 냈을 뿐이다. 단순함이 곧 세련됨이다.

– 존 스컬리

1 나는야 밥이 좋아

"너는 눈 뜨자마자 밥이 들어가니? 내 동생이지만 참 대단하다, 대단해."

일어나자마자 바로 식탁에 앉는 나를 보고 누나는 입을 떡 벌렸습니다. 누나는 지금도 충분히 마른 몸인데 살이 쪘다며 요즘 밥도 조금씩 밖에 먹지 않거든요. 내가 보기엔 도리어 더 쪄야할 것 같은데 몸무게 관리한다고 다이어트를 한다나요. 그런 누나 눈에는 아침에 일어나자마자 우적우적 먹는 내가 신기해보였겠지요.

그래도 밥맛이 좋은 걸 어떡해요.

"어제 저녁 먹고 밤 동안 아무것도 못 먹었단 말이야. 8시간이나 굶었으니 배고픈 게 당연한 거 아니야?"

내 말에 누나가 어이없다는 듯이 말했습니다.

"야, 그럼 너는 자는 동안에도 뭐를 먹냐? 밤에는 다들 자는 거야. 위랑 장도 좀 쉬게 해 줘야지. 직장도 밤이면 퇴근인데, 네 소화기관은 24시간 영업이냐?"

"놔둬라. 입맛 당길 때 많이 먹어야 하는 겨. 봐라, 우리 의지 토실토실하니 얼굴도 부옇고 얼마나 보기 좋으냐. 너처럼 쇠꼬챙이처럼 말라빠져서 어디다 쓰냐. 응? 요새 것들은 그게 뭐 예쁘다고 삐쩍 곯은 몸으로 다닌다니. 나는 우리 의지가 젤로 보기 좋구만."

할머니가 내 엉덩이를 토닥이며 말씀하셨습니다. 역시 우리 할머니는 언제나 제 편이지요. 지난번에 수학 시험을 엉망으로 봤을 때도 할머니 덕분에 살았답니다. 할머니 치마 뒤로 숨으면 아무리 성나 있는 엄마의 얼굴이라 해도 겁나지 않아요. 할머니가 엄마보다 위거든요. 히히.

"그렇지만 어머니, 너무 많이 먹는 것도 좋은 건 아니거든요. 이제 의지 허리가 저보다 더 굵어지려고 한다니까요."

아빠가 웬일로 할머니께 한마디 하셨습니다. 할머니의 말에는 무조건 예, 어머니, 하시던 아빠인데……. 제 식욕이 좀 심각하긴 한가 봅니다.

"교회 차 시간 되어간다. 밥 다 먹었으면 세수하고 얼른 옷 챙겨 입고 나와."

아 참, 교회를 갈 시간이군요. 우리 집 식구들은 교회를 다니지요. 엄마는 아주 어렸을 때부터 교회를 다녔기에 결혼하고 우리들을 낳은 지금까지도 열심히 교회를 다닌답니다. 아빠와 할머니는 종교를 가지고 있지 않아서 일요일에는 엄마와 누나, 그리고 저만 교회를 가지요. 엄마는 내심 할머니와 아빠도 같이 가길 바라시지만 가끔 한 번씩 권하는 것 말고는 억지로 가자고 하진 않습니다. 가정의 평화와 화목이 더 중요하다고 말이에요. 자기가 가지고 있는 종교를 강요하고 강제로 권하는 것은 좋지 않다고 생각하시거든요. 할머니와 아빠도 우리들이 교회에 다니는 것에 반대하지 않아요. 종교의 자유라고요.

그런데 왜 내 자유는 보장하지 않냐고요! 엄마나 누나는 다니고 싶어서 가는 거지만 나는 아니란 말이에요. 엄마야 원래 하나님을 믿으니까 가는 거고, 누나는 같은 중등부의 진석이 형을 만나는 재미에 가는 거고……. 둘 다 좋아서 가지만 나는 가고 싶지 않아요. 교회에 가는 시간에 내가 제일 좋아하는 만화를 하는데 엄마 때문에 이제까지 세 번 밖에 못 봤단 말이에요. 그것도 한 번은 아프다고 꾀병을 부려서, 또 한 번은 진짜로 아파서였습니다.

지난번에는 제가 엄마에게 너무 교회에 가기 싫어서 하나님이 진짜 있는지도 모르면서 교회에 기도를 하러 가는 것은 이상한 일이라고 말했다가 한참 동안 설교를 들었습니다.

"의지가 묻는 질문은 옛날 학자들이 고민하던 문제야. 그것을 '보편자의 논쟁'이라고 하는데 '보편자'라는 것은 우리가 실재로 보는 것일 수도 있고, 우리 마음속에 있는 것일 수도 있어. 보편자들이 어떠한 종류의 존재를 가지고 있는가, 그것들이 자연 안에 현실적으로 존재하는가, 그렇지 않으면 오직 인간의 정신 속에만 존재하는가에 대한 다른 의견을 가지고 있는 것을 '보편자 논쟁'이라고 한단다. 어렵지? 그러니까 의지가 신이 있는가, 없는가에 대한 질문을 엄마에게 했잖아? 이것이 바로 보편자 논쟁을 한 거야. 스콜라 철학자들은 존재에 대한 의심 없이 받아들이고 존경하는 것을 중요하게 여겼어. 그러니까……."

이렇게 말이죠, 엄마의 길고 긴 설교가 끝날 때 즈음이면 어쩔수 없이 저는 엄마 손에 이끌려 교회로 가고 있었습니다.

사실 내가 교회 가기 싫어하는 또 한 가지 이유는 바로 그 얄미운 강아라 때문이죠. 강아라는 하필 옆집에 사는데다 강아라의 엄마도 우리 엄마랑 같은 교회를 다녀서 항상 마주치거든요. 그 애는 한 번도 교회를 빠진 적이 없다니까요. 학교 가고 올 때 만나는 것도 기분 나쁜데 교회에까지 가서 만나다니요. 부부도 아닌데 일주일 내내 본다는 건 정말 괴로운 일이에요. 더구나 강아라는 나만 보면 약 올리는 못된 버릇이 있는 애니까요.

강아라의 엄마는 딸이 굳센 의지를 가지고 자기의 힘으로 세상을 잘 살아가라는 의미에서 이름을 지었다고 하더라고요. 그런 소망이 이루어졌는지는 전혀 알 수 없지만 한 가지는 확실해요. '의지의 한국인'이라는 거요. 나만 보면 시비 거는 게 재미있는지 지치지도 않고 그러거든요. 과연 그런 의지 하나는 끝내준다니까요.

"의지야! 어서 세수하라니까. 늦겠어."

강아라 생각만 해도 머리가 지끈 아파오는 것 같아 한숨을 쉬고 있는데 엄마가 서두르셨습니다.

"아침에 바쁠 것 같아서 세수는 어젯밤 미리 해 놨단 말이에요."

"이 녀석이! 세수를 밤에 미리 하는 게 어디 있어? 어젯밤에 한 건 어제의 세수지, 응? 그럼 밥도 어제 미리 먹어뒀으니 오늘은 안 먹어야지!"

나와 엄마의 대화를 들으면서 누나가 혀를 찼고, 아빠와 할머니는 킬킬 웃으셨습니다.

"위대한 성철스님이 말씀하셨다고요. 밥은 밥이요, 세수는 세수로다."

엄마의 잔소리가 이어질 것이 뻔했기에 나는 돌아서며 중얼거렸습니다. 그리곤 욕실로 들어갔지요.

"그렇게 씻기 싫어하니까 흑돼지라는 말을 듣지. 이왕 돼지 소리 들을 거면 뽀얀 돼지가 더 예쁘지 않겠냐?"

어쩐지 가만히 있어준다 싶었지요. 누나는 나를 골려먹는 재미로 사는 게 틀림없어요. 하여간 여자들은 모두 나를 피곤하게 한다니까요. 여자들이랑 친하게 지내는 건 참 힘든 일인가 봅니다. 우리 할머니만 빼고요.

"원, 흑돼지라니! 누가 우리 의지를 그렇게 놀리는 게야? 사내가 저 정도는 까무잡잡해야 미남인 거. 고추달린 녀석이 얼굴만 히멀건 해서는 어디다 써? 두고 봐라. 우리 의지가 크면 여자들이 줄줄이 줄을 설 게다."

역시 우리 할머니는 언제나 제 편이시라니까요. 우리들은 다녀오겠다는 인사를 남기고 서둘러 밖으로 나갔지요. 하여간 누나가 문젭니다. 괜히 흑돼지 같은 말은 꺼내서 고부갈등에, 부부싸움의 원인까지 만들 뻔 했지 뭐예요. 아니, 사실은 누나보다 강아라 탓이 더 커요. 그런 이상한 별명만 아니었어도 우리 할머니가 그러실 리가 없지요. 강아라 때문에 좋은 일이 생기는 게 없다니까.

우리는 교회 버스가 서는 횡단보도 앞으로 부지런히 걸었습니다. 조금만 늦어도 차를 놓쳐 20분은 넘게 걸어야 하니까요. 거의 도착해서 보니 버스가 서는 곳 앞에 사람들이 모여 있네요. 다행히 차는 오지 않았나 봐요.

2 으이그, 강아지 너!

"아유, 오늘은 더 신경 쓰셨나, 예쁘게 하고 오시네."

엄마를 보자 누가 인사를 건넵니다. 역시나 강아라 엄마네요. 옆에는 강아라가 찰싹 붙어 서 있고요.

어젯밤, 오늘만이라도 강아라를 만나지 않게 해달라는 소원을 빌었는데 그런 사소한 소원은 접수가 되지 않았는지 또 만나고야 말았습니다.

"밤사이에 더 커진 것 같네. 너는 많이 먹으면 살이 찐다는 진리를 꼭 실천해 봐야 아니? 하긴 너는 직접 해 보지 않고는 모르는 애니까. 나처럼 명석한 사람이야 생각만으로도 다 알 수 있지만."

이럴 줄 알았어요. 보자마자 시비잖아요. 이래서 교회 가기 싫다니깐.

"직접 해 보고 얻은 지식이야말로 진짜 지식이야. 강아지, 너는 그렇게 다 알아서 국어시험도 그렇게 많이 틀렸냐?"

"뭐? 그러는 너는! 야, 제주 흑돼지! 너 나한테 강아지라고 부르지 말랬지!"

"너나!"

강아라에게 밀릴 수 없어 한마디 해 주었더니 지지 않고 대꾸를 하지 뭐예요. 강아라는 암튼 자기가 하는 건 생각도 안 하고 남이 하는 말만 꼬투리를 잡는다니까요.

"꿀꿀이, 멍멍이, 둘 다 조용히 하세요! 너희들은 어째 만나기만 하면 으르렁대니. 싸울 일도 아닌 걸 가지고 뭘 그렇게 대거리들을 해대는지 원."

엄마가 고개를 절레절레 흔들면서 말했습니다. 엄마는 아들 편도 안 들어주고…….

"얘네 갑순이와 갑돌이 아닐까요? 왜 노래에도 있잖아요. 갑순

이와 갑돌이는 한마을에 살았더래요. 둘이는 사랑하면서 겉으로
는 안 그런 척 했더래요~. 그런 거 말이에요."

"말도 안 돼요!!"

강아라 엄마의 흥얼거리는 노래에 우리는 처음으로 한 목소리로
대답했습니다. 강아라와 이렇게 뜻이 맞아보긴 정말 처음입니다.
다른 건 몰라도 이것만큼은 강아라와 내 의견이 똑같네요.

"어머머! 이렇게 발끈하는 걸 보니 더 수상한데⋯⋯. 의지 엄마,
얘들 진짜 사랑싸움인가 봐요. 호호호."

강아라 엄마의 말에 엄마까지 깔깔거리고 주변의 다른 아줌마들
도 뭐가 재미있는지 따라서 웃었습니다. 강아라와 나만 얼굴이 벌
개져서 식식거리고 있었지요. 일요일 아침부터 사람들의 놀림감
이 되는 것 같아서 기분이 언짢았습니다.

마침 교회 버스가 오고 우리들은 우르르 차에 올라탔지요. 집에
서 만화나 보고 놀고 있었으면 좋았을 것을. 암튼 엄마는 자기 마
음대로라니까요.

"한의지~ 여기야, 여기!"

버스에 오르자 뒤쪽의 의자에서 누가 벌떡 일어나 이름을 불렀
습니다. 아, 내 친구 대호입니다. 대호는 옆 단지에 살아서 교회

버스에 먼저 탄답니다. 대호네 집을 지나 우리 집을 거쳐 교회로 가거든요.

아까의 일 때문에 식식대느라 대호도 잊어버리고 있었네요. 대호는 나와 제일 친한 녀석이랍니다. 유치원 때부터 같이 다녔는데, 신기하게도 세 번이나 같은 반이 되었다니까요. 대호 녀석과 나는 운명의 짝인 것 같아요.(생각하기 싫지만 강아라와도 같은 반이랍니다. 이 무슨 운명의 장난인지…….)

내가 덩치가 큰 데 반해 대호는 마르고 키가 좀 작지요. 그래서 처음 본 사람들은 내가 한참이나 형인 줄 압니다. 그렇지만 사실은 속 깊고 이해심 많은 대호가 도리어 형 같답니다. 내가 흑돼지 별명을 듣기 싫어하는 줄 알기 때문에 꼭 내 이름을 불러주는 착한 녀석이지요. 유일하게 내 이름을 불러주는 친구.

"대호야!"

나는 대호를 향해 손을 흔들어주는 걸로 만족해야 했습니다. 버스 통로에 사람들이 꽉 차서 안으로 더 들어갈 수가 없었거든요. 내려서 같이 가야겠습니다.

차는 금방 교회 앞에 도착했습니다. 엄마는 어른 예배실로, 누나는 중등부 예배실로, 나는 유년부 예배실로 각각 흩어졌지요. 나

는 얼른 대호를 찾아 어제 봤던 텔레비전 프로그램에 대해 떠들었습니다.

 단세포 생물에 대한 다큐멘터리였는데, 짚신벌레, 아메바, 박테리아, 그런 것들의 생명력이 대단하다는 생각이 들었거든요. 우리 눈으로는 보이지도 않지만 하나의 세포만 가진 그것들은 화산지대에도 살 수 있을 만큼 생존 능력이 뛰어나다고 하더라고요. 머리가 좋지 않고 단순한 애들을 보고 단세포라고 놀리곤 했는데, 알고 보면 단순한 것이 훨씬 나을 수도 있나 봅니다. 그런 얘기들을 옆에서 쉴 새 없이 떠들어대는데 대호는 가만히 듣기만 했지요. 내 얘기를 잘 들어주는 건 대호, 이 녀석밖에 없다니까요.

 "지구상에는 인간 말고도 수많은 생물들이 살고 있잖아. 작은 생물들도 그 존재를 인정받아야지. 하등 곤충들은 두 개 뿐인 신경 세포로도 종족 보존을 하면서 지금까지 살고 있는데, 불필요한 걸 많이 가진 것보다 꼭 필요한 몇 개만 가진 것이 더 현명할지도 몰라. 진리는 단순한 것에 있는 거니까. 비천한 생물이라 할지라도 자신의 삶을 스스로 영위하는 존재임에 분명하니까 그 존엄성을 인정받아야 하는 거야."

 내 얘기가 끝나자 대호가 진지하게 대답합니다. 녀석은 항상 이렇게 해서 내 기를 죽인다니까요. 나는 사실 짚신벌레가 진짜 짚신 같이 생긴 것이 신기해서 어제 본 TV 프로그램을 말한 거였는데, 대호는 너무 깊게 나갑니다. 대호가 말한 단어들이 너무 어려워서 나는 그만 딴청을 피웠습니다.

3 아, 내 운명의 짝

"어, 저기 면도날이다!"

마침 우리 반 자리에 면도날 선생님이 앉아계시는 것이 보였지요. 원래 이름은 '명도남'인데, 눈이 워낙 작아서 아이들이 면도날이라고 부르는 우리 반 선생님이랍니다.

면도날이라는 별명은 선생님 이름과도 비슷했지만, 정말 꼭 맞는 별명이었습니다. 눈이 어찌나 작은지 면도날로 삭 그어 놓은 자국처럼 보였거든요. 지나간 흔적조차 있는 듯 없는 듯한 그런

자국 말이에요. 그래서 선생님은 눈을 떠도 감은 것 같고, 감아도 뜬 것 같고 도무지 알 수가 없다니까요.

전에 엄마에게 선생님 별명에 대해 얘기했더니 엄마는 한참을 웃다가 그러셨죠.

"엄마 어릴 때는 눈 작은 사람을 '와단구'라고 불렀었지. 와이셔 츠 단추 구멍만 하다고 해서 말이야. 어떤 애들은 건빵이라고도 불렀단다. 왜 건빵의 작은 구멍 두 개 있잖니. 호호호."

옆에서 듣던 할머니도 한마디 거들었죠.

"우리 어릴 땐 새우 눈이라고 했었지. 새우 눈 봤냐? 까만 점만 두 개 찍혀 있잖여."

"어릴 때요? 할머니도 어릴 때가 있었어요?"

엄마까지는 모르겠지만, 도무지 할머니의 어릴 때라는 건 상상 조차 되지 않는 내가 물었답니다.

"예끼! 이눔아. 이 핼미도 갓난아기부터 큰 게야!"

할머니가 갓난아기였다니…… 할머니는 원래부터 할머니였을 것만 같아서 그 말이 믿기지 않았지요.

어쨌거나, 그래도 명도남 선생님에게는 면도날이 가장 어울리는 별명입니다.

"그런데 쟤는 누구냐? 새로 온 앤가?"

대호가 대답 대신 누굴 손가락으로 가리키며 물었습니다. 대호의 손가락을 따라 쳐다보니, 글쎄 아주 예쁘게 생긴 여자애가 앉아 있지 않겠어요! 지금까지 여기 유년부를 다니면서 저렇게 곱고 예쁜 애는 처음이었습니다. 보는 순간 가슴이 콩닥거리고 얼굴이 상기되려고 할 정도로 말이죠. 어디에 있다가 이제야 왔을까?

그런데 그 순간 강아라가 휘릭 우리 옆을 지나가더니 그 애의 옆자리에 탁 앉지 뭐에요. 강아라를 보고는 그 애가 뭐라고 말하더니 둘이 킥킥거리며 소곤대는 거예요. 하늘에서 내려온 천사 같은 저 아이가 강아라랑 친구라니, 진짜 어울리지 않는 그림입니다.

대호랑 나는 뒷자리에 조용히 앉았지요. 다른 때는 지루하고 따분해서 대호랑 장난이나 치면서 시간을 때우던 예배 시간이었는데 오늘은 하나도 심심하지 않더라고요. 천사 같은 애의 뒷모습만 봐도 기분 좋았으니까요.

어느새 예배가 끝나고 분반 공부를 하는 시간이 되었습니다. 선생님은 새로 온 그 아이를 우리에게 소개했지요.

"이 친구의 이름은 이꽃님이란다. 아라의 사촌인데 가까운 동네로 이사 와서 우리 교회에 다니게 되었단다. 모두 환영의 박수를!"

꽃님이라니, 어쩜 이름도 저렇게 자기 모습에 딱 일까요. 꽃님이라는 이름은 저 아이를 위해서 생겨난 것만 같았습니다. 다른 때 같으면 이 시간도 진짜 재미없었는데 오늘은 왠지 선생님의 말씀이 쏙쏙 잘 들어오는 거예요.

오늘 선생님께서는 창조론과 진화론을 내세운 사람들에 대해서 말씀하시면서 '오캄'이라는 사람에 대해 말씀해 주셨어요. '오캄'은 영국 출신 프랑스 신학자인데 수도사였대요. '원칙이란 불필요하게 곱해져서는 안 된다.'라는 명제로 유명하다는데 조금 어렵죠? 선생님 말씀이 이해가 되지 않아서 옆에 앉은 대호에게 살짝 물어보니, 한마디로 '필요 이상으로 복잡하게 설명하는 것보다 단순하게 설명한 것이 더 옳다.'는 뜻이래요.

수업이 끝나고, 집으로 돌아온 저는 꽃님이 생각으로 가득했습니다. 가만, 강아라와 친구가 아니라 사촌이라고 했지요? 하긴 강아라가 저런 친구와 어울릴 리가 없지요. 그렇지만 사촌이라는 것도 그렇습니다. 친척인데도 저렇게 비슷하지 않을 수 있다니요. 뭐 사실 저도 누나와 아주 다르게 생기긴 했지만 말입니다. 인사

할 때 목소리도 고왔던 꽃님이. 이제 저 아이를 매주 볼 수 있으리
란 생각에 나는 마음이 들떴습니다. 일요일에 교회 오는 것이 기
다려질 것 같아요. 아니, 매일매일이 일요일이면 좋겠습니다. 억
지로 저를 교회에 데리고 나오던 엄마가 이렇게 고맙기는 처음이
네요. 꽃님이를 데리고 나온 강아라마저도 고맙게 보이는 걸요.
하하하.

중세철학과 쟁점 둘러보기

오캄의 면도날을 이해하기 위해서는 서양 중세를 아는 것이 중요해요. 서양 중세는 보통 5세기 게르만 민족 이동과 서로마제국의 멸망(476년)부터 15세기 르네상스까지 1000년간을 말한답니다. 한편 사상적 시각에서 보면 기독교가 정신적 중심이었던 2세기부터 15세기에 이르는 시기를 통틀어서 넓은 의미로 중세라고 해요. 이 시기는 우리에게 생소할 지도 모르지만, 사실 가까운 인류역사의 반을 차지하는 긴 기간입니다. 중세는 9세기를 중심으로 크게 전기와 후기로 나눌 수 있어요.

중세전기, 교부철학

넓은 의미의 중세 전기인 2~9세기는 신흥종교였던 기독교가 주로 교리를 세우며 입지를 굳혔던 기간이에요. 특히 313년 공인을 받고,

395년에 국교로 정해지기까지 교리확립에 크게 기여한 기독교 지도자들을 일컬어 '교부'라 하며, 이 기간의 사상을 '교부철학'이라 불러요. 최초 기독교 지도자들은 철학을 무시하였고 계시를 통해서 하나님의 지혜를 얻게 하는 신앙만이 참된 진리에 이르는 길이라고 믿었답니다. 하지만 로마제국과 다른 종교의 끊임없는 공격으로부터 기독교를 보호하기 위해서는 계시를 통한 신앙적 진리의 믿음에 그치지 않고 이성에 의한 이해와 설명도 필요했어요. 이후 발생한 모든 중세철학 논란은 바로 여기서 시작되었답니다. 기독교 교리가 완성되는데 기여한 최고의 교부철학자인 아우구스티누스는 이와 같은 넓은 의미의 중세전기 사상을 상징적으로 드러내는 유명한 철학구호를 남겼습니다.

"알기 위해 믿는다."

(Credo ut intelligam. Believe in order to understand.)

이 구호는 받아들이기에 따라 조금씩 달리 해석될 수 있는데요, 본

뜻은 '믿음을 통해서 앎도 얻을 수 있다.' 입니다. 따라서 '알기 위해서는 믿어야 한다.' 는 것이었죠. 이 구호는 진리에 대한 믿음(신앙)에 그치지 않고 그에 대한 앎(이해)의 가능성도 강조하여 열었다는 점에서 중요한 의의를 가져요.

중세 후기, 스콜라철학

이후 넓은 의미의 중세 후기는 로마제국의 국교인 기독교를 세계만민의 보편적 종교로 확대시키기 위한 노력을 기울인 시기입니다. 사상적으로는 이 시기를 '스콜라시대' 라고 하고, 이 시기의 철학이 '스콜라철학(학문의 터전이 교회에서 학교로 옮겨갔답니다.)' 입니다. 이 시기는 다시 세 단계로 나눌 수 있는데, 그 기준 또한 '알기 위해 믿는다.' 라는 구호의 변화에 따라 파악할 수 있습니다.

초기(9~13세기 초) 대표적인 인물은 안셀무스입니다. 11세기에 안셀무스는 아우구스티누스의 입장에서 "알기 위해 믿는다."고 생각했어요. 하지만 안셀무스는 신앙내용을 이성적 논리가 바탕이 되어 신의 존재증명을 시도했다는 점에서 스콜라철학의 선구자로 불립니다.

　한 걸음 더 나아가 중기(13세기)에는 토마스 아퀴나스가 신앙과 이성적 지식의 대등한 완전 융합을 시도했답니다. 이것은 보편종교를 추구하는 스콜라철학의 목표이기도 해요. 자세히 말하면 '믿어야 알 수 있다.'면 믿지 않는 사람들 즉, '알아야 믿는다.'는 사람들까지 믿게 하는 것이 보편종교의 목표라는 거죠. 기독교가 세계 보편종교가 되기 위해서는 믿음과 무관하게 종교적 진리를 알 수 있어야 해요.

　후기(14세기 이후)에는 이성과 신앙(앎과 믿음)의 일치에 대해 반대하는 주장이 점차 커졌답니다. 대표적으로 활약한 인물이 '오캄'입니다. '오캄'은 신 존재 증명이 '불가능하다.'고 합니다. 다시 말해 신은 논리적 증명의 대상이 아니고 오직 신앙의 대상이라는 것입니다. 이성과 신앙을 분리하는 이 논쟁은 길고도 격렬했어요. 하지만 쟁점은 추상적인 '보편성' 자체의 논리를 따지는 문제로 요약할 수 있죠. 그리고 소위 보편논쟁은 스콜라철학의 대표적 논쟁이 된 것입니다.

명도남 선생님과 면도날

 전쟁에서 모든 것은 매우 단순하다. 그러나 가장 단순한 것은 어렵다.

– 클라우제비츠

1 오캄인지 육캄인지

어제 들뜬 마음에 잠을 설쳐서 그런지 아침이 늦고 말았습니다. 나는 허둥지둥 가방을 챙겨 아침도 몇 숟갈 뜨지 못하고 집을 나섰지요. 더 먹고 싶은 마음은 굴뚝같았지만 그랬다가는 정말 지각을 할 것 같아 어쩔 수 없었습니다. 우리 담임선생님은 지각에는 아주 엄하거든요.

"할머니, 엄마, 학교 다녀오겠습니다!"

씩씩하게 외치고 대문을 나서는데 강아라랑 딱 마주칠 건 또 뭐예요. 보고 싶은 사람은 잘 볼 수 없고, 보기 싫은 사람만 자꾸 만나는 건 슬픈 일입니다.

"해가 오늘도 동쪽에서 떴는지 확인해보러 나오는 거냐?"

강아라가 인사말 대신 또 시비를 겁니다. 강아라는 내가 항상 직접 뭘 해 봐야 비로소 '아하!' 하는 것을 보고 매번 놀리는 것이랍니다. 언젠가 나무 홈에 젓가락을 비벼대고 있던 모습을 강아라가 본 적이 있거든요. 마찰을 세게 하면 불이 난다는 걸 확인해 보려고 실험하고 있던 것이었죠. 나는 직접 보고, 만지고, 해 보고, 그래야 직성이 풀리거든요. 그래서 진짜 불이 날지 실험해 보고 있던 건데 강아라는 그 당연한 사실을 해 봐야 아냐며 날 바보 취급했답니다. 아마 그때부터였나 봅니다. 강아라랑 나의 팽팽한 대립 말입니다.

계란도 직접 품어서 병아리 만들어보지 그러냐며 강아라가 놀린 걸 생각하면…… 으! 오늘도 어김없이 한마디 하는군요.

"너처럼 해 보지도 않고 다 아는 척 하는 것보단 나아!"

나는 이 말만 하고 더 이상 다른 대꾸도 없이 얼른 뛰어갔습니다. 더 붙잡혔다가는 한없는 말싸움이 계속될 테니까요. 소득도 없는 논쟁을 하다가 지각하면 강아라나 나나 손해입니다. 가방 들

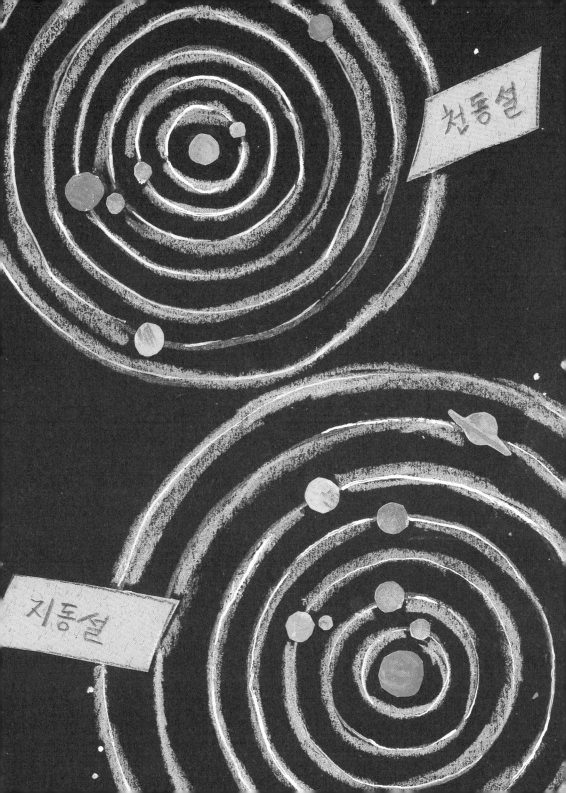

고 교실 뒤에 5분간이나 서 있는 건 정말 힘들다고요. 오늘처럼 가방이 무거운 날엔 더욱 더.

헉헉거리며 달린 보람이 있어서 늦게 나왔는데도 다른 날보다 일찍 학교에 왔네요. 항상 일찍 등교하는 대호는 벌써 자리에 앉아 책을 보고 있었지요.

"대호야!"

나는 내 자리에 가방을 대충 던져 놓고 대호의 옆자리로 가서 앉았습니다. 대호의 짝은 아직 오지 않아서 자리가 비어 있었지요.

"무슨 책이냐?"

대호는 알아주는 책벌레입니다. 뭐 하고 있나 보고 있으면 항상 책을 펼치고 있거든요. 우리 학교 도서관 대출 이용자 1위가 대호랍니다. 매달 도서관을 제일 많이 이용하는 학생을 뽑아서 학교 소식지에 이름을 싣는데, 대호의 이름은 빠진 적이 없습니다. 책이 뭐 그리 재미있다고. 나는 만화책이라면 모를까, 글자만 빽빽한 책 같은 건 정말 질색이거든요. 공부에 관한 책들도 전부 만화책으로 만들면 얼마나 좋을까요. 그러면 머리에도 쏙쏙 들어오고 훨씬 재미있게 볼 텐데 말이에요. 히히.

"과학사의 혁명에 관한 책이야. 천문학, 물리학, 화학, 이런 분야에서 획기적인 전환을 가져온 발견, 발명 그런 거."

아휴, 말만 들어도 머리가 지끈지끈하네요. 그딴 게 왜 관심이 있는지, 아무튼 대호의 취미는 너무 고차원이란 말입니다. 대호는 제목만 봐도 골치 아픈 책을 보고 있습니다. 나는 알고 싶지도 않은데 말입니다.

"이 책을 보니까 흥미 있는 내용이 나오더라. 왜 인류의 과학사에 가장 큰 전환을 가져온 사건이 천동설과 지동설이잖아. 그걸 발견한 코페르니쿠스의 연구가 오캄의 면도날 이론을 적용한 사례라는 거야.

지구에서 하늘의 해와 달, 그리고 별들을 바라보면 마치 지구는 가만히 있고 나머지 것들이 움직이는 것 같잖아. 그러니 처음에는 당연히 지구를 우주의 중심에 있다고 생각했는데 다른 행성들이 불규칙적으로 움직이는 거야. 그래서 여러 개의 선을 그어서 설명했는데 그게 바로 천동설이었어. 그런데 지구와 인간이 우주의 중심이 아니라고 가정하면 너무나 간단하게 모든 우주의 운행이 명확하게 설명된다는 거지. 종교적인 이유 때문에 천동설을 주장하니까 우주의 법칙을 올바르게 볼 수 없었잖아. 그걸 180도 인식의 변화를 갖도록 한 것이 오캄의 이론이라는 거야. 오캄은 우주가 어떻게 생겼는가가 중요하지 않고 그 보다 더 간단한 설명이 참이라고 여겼어. 오캄이라는 학자, 흥미 있지 않니?"

또 시작입니다. 대호는 무슨 책을 읽을 때마다 거기에 푹 빠져서 나한테도 그걸 알려 주고 싶어 하는데, 저는 당연히 '노 땡큐'지요.

"단순성의 원리라…… 이거 봐, 오캄은 진리에 가깝기 위해서는 간단하고 단순한 원리여야 된다고 했거든. 내가 생각하던 것도 그거였는데, 오캄이랑 아무래도 통하는 면이 있는 것 같아. 면도날 이론…… 흠, 더 알아봐야겠어."

평소처럼 대호는 내 대답엔 신경도 쓰지 않고 혼잣말 같은 대꾸를 했습니다.

"면도날 이론이라면 전문가 계시잖냐, 면도날 선생님. 교회 가서 그 선생님한테 물어보면 잘 알지 않겠어? 암튼 오캄인지 육캄인지, 많이 연구해라."

나는 다시 책에 코를 박고 있는 대호에게 한마디 하고 내 자리로 돌아왔지요. 그때 마침 반장이 들어와 저를 부릅니다.

"야! 한의지! 너 또 강아지랑 싸웠지? 선생님께서 너 오라고 하셨어."

무슨 일이죠? 선생님께서 왜 부르셨을까 잔뜩 긴장하면서 교무실로 향했습니다. 빼꼼히 교무실 창문으로 안을 들여다보는데 선생님 옆에 강아라가 앉아 있는 거예요. 그런데 그때 저는 제 눈을 의심할 만한 광경을 보게 되었어요. 강아라의 눈에서 눈물이 뚝뚝 떨어지고 있는 게 아니겠어요? 천하의 강아라가 울고 있다니요.

"아!"

그때 마침 교무실 옆을 지나가시던 교감선생님께서 제 머리에 꿀밤을 '콩' 하고 주시면서 말씀하셨습니다.

"이 녀석아, 여기서 뭐하는 거야? 수업 시작한 지가 언제인데 빨리 교실로 들어가거라."

"네!"

선생님께서 부르셨지만 강아라 때문에 교무실로 들어갈 수가 없어서 다시 교실로 돌아왔습니다. 수업이 시작되었는데도 울고 있던 강아라의 모습이 자꾸 떠올랐습니다.

2 엄마 너무해

일주일에 딱 한 번 허락된 컴퓨터 하는 시간. 엄마와 약속한 그
날이 바로 지금이랍니다. 토요일 8시부터 2시간만 하기로 약속되
어 있거든요. 평소에는 숙제 때문에 꼭 찾아봐야 할 것이 있는 때
가 아니면 컴퓨터를 켜지 않기로 했답니다. 물론 저의 자발적 의
사라기보다는 엄마의 강제에 따른 것이었지만요.

그런데 어제 학교에서 본 강아라의 울고 있는 모습은 왜 자꾸만
머릿속에서 둥둥 떠다닐까요. 무슨 일일까 너무 궁금하기도 하고,

아주 조금, 정말 아주 조금은 걱정이 되기도 합니다. 제가 지금까지 강아라의 그런 모습을 본 적이 없었기 때문입니다.

"의지야, 한의지! 빨리 나와 봐."

엄마는 왜 꼭 이렇게 황금 같은 시간에 부르시는 걸까요.

"의지야, 엄마가 부르시잖아. 어서 나오거라."

아빠의 목소리가 들립니다.

"네, 아들 나가요."

엄마는 주방에서 무엇인가를 싸고 계셨습니다.

"의지야, 이거 아라네 가져다주고 와, 외할머니께서 된장을 보내셨는데 너무 맛있어서 아라 집도 좀 주려고."

"엄마, 엄마, 나 지금 컴퓨터 하는 시간인데 그럼 시간 연장해 주실 거죠?"

저는 1시간 더 컴퓨터를 할 수 있는 약속을 받고 아라네 집으로 갔습니다.

딩동!

초인종을 누르자 잠시 후 아라가 나왔습니다.

"네가 여긴 무슨 일이야? 흑돼지?"

이럴 줄 알았습니다. 그럼 그렇지 아까 했던 걱정이 한순간 무너

져 내렸습니다.

"이거 우리 엄마가 너희 집에 갖다 주라고 하셨어."

퉁명스럽게 이야기 하면서 아라에게 된장을 주고 나와 버렸습니다. 칫! 뭐예요. 낮에 학교에서 무슨 일 있을 줄 알았는데 뭐 아무렇지도 안잖아요.

집으로 들어오자마자 컴퓨터 앞에 앉았습니다. 친구들과 게임을 하다 보니 어느새 시간이 너무 흘러버렸습니다. 그때 마침 엄마가 들어오셨습니다.

"두 시간만 하고 자기로 했으면서, 이렇게 늦게까지 하고 있으면 어떡하니? 너 이러느라 매주 일요일이면 그렇게 못 일어났구나? 그리고 이 과자들은 다 뭐야? 그렇잖아도 네 체중 느는 것 때문에 걱정인데 밤늦게 과자 같은 거 먹고 자면 그대로 다 살이 되잖니?"

엄마의 잔소리가 속사포처럼 다다다 나옵니다. 아이 참, 그동안 잘 주무시더니 오늘은 왜 일어나서 그러신담.

"아니 금방 끌려고 했는데 자료를 찾다 보니까 할 게 많아져서……"

"자료라니, 별 쓸 데 없는 것만 보고 있으면서 무슨 자료야? 공부를 좀 이렇게 열심히 해 봐라. 응? 시험 보기 전날에도 공부하라고만 하면 들어가자마자 드르렁 코를 골면서, 이런 거 할 때는 잠도 안 오지? 네 친구 대호를 좀 봐라. 공부하란 말 한 번도 안 하는데 알아서 그렇게 책도 열심히 보고. 너는 친구한테 자극도 안 받니?"

엄마는 대호가 나랑 친한 게 신기하다고 말씀 하셨어요.

저처럼 형이하학적인 애가 어떻게 형이상학적인 대호랑 친구가 되는지 모르겠다고요. 형이상? 형이하? 대호가 나보다 형이라는 얘긴가?

처음에는 약속을 어기고 좀 오래까지 인터넷 보고 있던 것이 미안했는데 엄마의 말이 계속되자 신경질이 올라왔습니다. 엄마는 항상 대호와 나를 비교하려고 한다니까요. 대호는 대호고 나는 나인데 말입니다. 엄마도 훨씬 젊어 보이는 강아라 엄마랑 비교하면 화를 낼 거면서, 나한테는 매일 비교하는 말을 합니다. 너무 속이 상합니다.

나는 그 말뜻도 못 알아들었지요. 나중에 대호에게 물어보니까 사물이 형체를 갖기 이전의 근원적인 모습이 '형이상'이라고 하고, 형체를 갖춘 것을 '형이하'라고 했습니다. 물론 나는 대호의 대답을 더 못 알아들었답니다. 계속 되물으니까 대호가 아주 간단하게 말해 주었죠.

"뭐 더 쉽게 말해서 밥을 좋아하는 너는 형이하학적인 거고, 책을 좋아하는 나는 형이상학적인 거라고 할 수 있지."

그제야 고개가 끄덕거려지던걸요. 그건 사실이니까요. 히히.

엄마의 잔소리가 끝나고, 저는 침대에 누웠습니다. 내일 교회에 갈 생각에 빨리 내일이 왔으면 하는 생각이 듭니다. 예전에는 교회 가는 게 너무 싫었는데 예쁜 꽃님이가 날 기다리고 있다는 생각을 하면……. 핫핫핫!

3 신나는 야외 수업

어제 저녁 엄마에게 야단을 듣고 잔 탓인지 아침에 눈이 일찍 떠졌습니다. 늦게 일어나기까지 해서 엄마의 잔소리 2탄을 듣고 싶진 않았거든요.

나는 얼른 방에서 나와 세수를 하고 옷 갈아입는 것까지 마쳤습니다. 거울을 보니 얼굴이 좀 부어 있네요. 기분이 나빠서 부은 표정 같지만, 사실은 늦은 시각 많이 먹고 그대로 잤기 때문일 거예요. 내가 봐도 퉁퉁 부은 게 보기 좋진 않네요.

"아이구, 우리 왕자님이 오늘은 웬일이랴? 해가 서쪽에서 뜨려나?"

나를 보고 할머니가 말하십니다. 하긴 이런 날이 거의 처음이니 놀림을 들을 만도 합니다.

"그러게요. 깨우지 않아도 이렇게 일어나니 얼마나 좋아?"

엄마가 할머니의 말을 이어 내 얼굴을 보며 대답합니다. 살짝 내 기분을 살피시는 것 같기도 하네요.

"밤새 굶었으니 밥 먹으러 나온 거 아니겠어? 얘가 뭐 밥 말고 일찍 일어날 이유가 있어야지."

"너는, 누나가 돼서는 동생한테 그런 말이 뭐니? 잘하는 일은 칭찬해 주고, 그러는 게 식구지. 매일 핀잔만 하면 사람 기죽는 법이야."

엄마가 웬일이실까. 내 편을 다 들어줍니다. 어젯밤에 좀 심하게 말했다 싶으신가 봅니다. 누나는 샐쭉한 표정으로 식탁에 앉더니 깨작깨작 밥을 먹습니다. 상 앞에서 저렇게 먹는 건 복 달아날 일이라고 할머니가 항상 말하시는데도 누나는 참 밥을 맛없게도 먹지요. 그런데 오늘은 나도 밥맛이 별로네요. 이럴 리가 없는데, 어제 과자를 너무 먹어서 그럴까요?

내 기분이 그래서인지 평소보다 훨씬 조용한 아침이었습니다. 우리는 교회 갈 채비를 했습니다.

"이상하네. 오늘은 왜 이렇게 조용하지? 우리 의지가 조용해서 그런가?"

아빠가 문득 생각난 듯 한마디 하셨습니다. 아무렴요, 내가 그래도 이 집에서 분위기 메이커인데. 내가 입 다물고 있으니까 역시나 집 분위기가 썰렁해지잖아요.

집을 나서면서 나는 큰 소리로 다녀온다는 인사를 했습니다. 내 목소리가 우렁차게 집에 울렸지요. 그제야 평소 같은 분위기가 났습니다. 아무래도 나한테는 기운 빠진 모습이 어울리지 않는다니까요.

골목을 걸어 나와 큰 길로 나서는데, 순간 나는 심장이 멎을 뻔했습니다. 글쎄, 내 앞에 그 어여쁜 꽃님이가! 꽃님이가 서 있는 게 아니겠어요? 교회에 가면 볼 줄 알았는데, 이렇게 더 빨리 만날 줄은……. 아무래도 우리는 운명일지도 몰라요.

"어이, 제주 흑돼지!"

우리의 운명을 갈라놓는 저 목소리, 아, 웬수 같은 강아라가 그 옆에 있을 건 또 뭐예요? 강아라는 듣기 싫은 별명을 부르며 아는 체를 합니다. 제발 그런 아는 체는 하지 않았으면 좋겠는데 말이죠. 꽃님이가 들으면 어떻겠어요? 지성적인 내 이름, 한의지를 불러줘야지요. 그래야 내 이미지가 지성적으로 보일 거 아니에요?

강아라가 부르는 소리를 듣고 꽃님이가 옆에서 쿡쿡 웃습니다. 이런 식으로 꽃님이에게 보이는 건 싫은데. 암튼 저 강아라가 문제라니까요.

"처음 보는 아이네. 아라 친구예요?"

엄마가 아라 엄마에게 물어보셨습니다.

"아니, 아라 사촌이에요. 제 여동생이 저쪽 동네로 이사 왔거든요. 그래서 우리가 교회에 같이 데리고 다니려고요. 여동생 부부는 가게를 하느라 가기 쉽지 않아서요."

"아유, 예쁘게도 생겼네. 형제는 없나 봐요?"

엄마가 관심을 보이며 더 묻자 아줌마는 이것저것 대답해 주었습니다. 어른들의 대화를 통해 나는 꽃님이에 대한 정보를 몇 가지 더 얻을 수 있었지요. 외동딸이라는 것과 길 건너 학교를 다닌다는 것, 매일 방과 후엔 강아라네 집에 와서 같이 숙제하고 논다는 것, 부모님은 옷가게를 하신다는 사실 등등. 이 정도면 꽃님이에 대해 제법 많은 걸 알게 된 셈입니다.

나는 교회차 안에서 대호를 만나 유년부 교실로 같이 들어갔지요. 가는 내내 꽃님이에 대해 새로 알게 된 사실을 소곤소곤 알려 주었습니다. 대호는 별로 흥미 있어 하지 않았지만 말입니다.

"반가운 친구들, 어서 와요."

예배실로 들어오는 우리들을 보며 면도날 선생님이 과장스러운 목소리로 인사했습니다.

"꽃님이도 와 주었구나. 대호도, 의지도, 아라도. 일주일 동안 얼마나 보고 싶었는지 모른단다."

면도날 선생님이 포옹이라도 할 것처럼 감격스럽게 말하는군요. 선생님은 암튼 사랑이…… 넘친다니까요.

예배가 끝나고 우리들은 분반 공부를 위해 따로 모였습니다. 선생님이 오늘 날씨도 좋은데 밖에 나가서 모이자고 해서 우리는 교회 옆 공원으로 자리를 옮겼지요.

가을이 깊어간다는 게 이런 건가 봅니다. 나뭇잎은 자기가 가진 가장 예쁜 색으로 뽐내기 대회라도 하는 듯이 색을 바꾸었고, 자랑을 다한 나뭇잎은 바닥으로 떨어져 길을 장식해 주는 모습이 정말 보기 좋았지요.

공원 한 구석에 나무 한 그루가 뿌리가 드러난 채 쓰러져 있었습

니다. 얼마 전까지만 해도 괜찮았는데 말이죠. 우리들은 이 나무가 쓰러진 것을 보고 각자 여러 가지 이야기를 했죠. 전 지난여름에 폭풍으로 쓰러졌다고 말했습니다. 그런데 다른 친구는 옆에 커다란 돌이 몇 개 있는 것으로 보아 운석이 지구로 떨어지면서 나무와 충돌해서 나무는 쓰러지고, 운석은 증발해 버린 것 같다고 복잡하게 말했습니다.

선생님께서는 무엇이 정답인가는 확실치 않지만 오캄의 면도날을 적용해서 가려내자면 내 가설이 다른 가설보다 단순하기 때문에 사실일 가능성이 제일 높다고 하셨습니다. 와! 너무 좋았죠. 꽃님이 앞에서 어깨가 으쓱해졌으니까요.

갑자기 이런 상상이 떠오르네요. 사람들의 머리카락이 가을마다 색을 바꾸고 떨어진다면 어떨까 하고요. 갈색, 노란색, 빨간색, 이렇게 알록달록 물들다가 후두둑 다 빠지고 대머리만 남는다면…… 으, 상상으로도 끔찍한 걸요. 나무는 잎을 다 떨어뜨리고 가지만 남아도 보기 좋은데 말이에요. 참 자연은 꼭 필요한 일만 하는 것 같아요. 괜히 사람들 머리카락까지 단풍 들고 떨어지게 했다면, 아름다운 게 아니라 무서운 일일 테니까요.

면도날 선생님을 따라 낙엽이 떨어진 길을 걸어가자니 바스락 바스락 부서지는 소리가 정말 듣기 좋습니다. 내 발이 닿을 때마다 바스락, 바스락.

낙엽은 나무에게 그동안 쌓였던 노폐물을 떨어뜨리는 것이래요. 그럼, 사람으로 치자면 똥을 싸는 것이겠지요? 1년 동안 묵었던 똥을 한꺼번에 싸는 것이겠네? 우리는 그 똥을 밟는 거고요. 히히. 그런데 하나도 더럽지가 않아요. 오히려 예쁘다고 사람들은 책에 끼워 넣어 보관하기도 하잖아요. 땅에 떨어진 낙엽은 또 좋은 거름도 된다지요? 나무는 똥까지도 버릴 것이 없네요.

바스락, 바스락. 나무의 똥 소리를 듣자니 갑자기 감자칩이 먹고 싶어져요. 감자칩 씹을 때 이런 바스락 소리가 나잖아요. 아, 속이 출출하네. 아침을 좀 더 먹을 걸.

4 남자다움? 여자다움?

"여기들 앉을까?"

앞에서 걷던 면도날 선생님이 자리를 잡습니다. 우리들은 그 주변에 둥그렇게 둘러앉았죠. 꼭 소풍 나온 기분입니다. 여기에 김밥이 있다면 딱 어울릴 것 같아요.

"가을이 되니까 참 보기 좋구나. 이 가을의 모습을 우리 눈에 가득 담아 가자."

면도날 선생님은 흐음…… 숨까지 들이마시며 나무가 둘러서 있는 공원을 바라보았습니다.

"선생님 눈으로도 보여요? 난 또 선생님이 눈을 감고 있는 줄 알았죠. 히히."

까불기 잘하는 태훈이 녀석이 선생님을 놀렸습니다. 사실, 선생님 눈은 항상 감고 있는 것 같아 보이긴 하죠.

"내 눈이 작아도 얼마나 예리한 줄 아냐? 네 콧구멍에 코털 삐져나온 것까지 다 보인다, 인석아."

"네? 진짜요?"

선생님의 장난에 태훈이가 콧구멍에 손가락을 넣으며 물었습니다. 그 모습에 아이들이 "와하하!" 웃었지요. 선생님을 놀리려다 도리어 태훈이가 놀림을 당한 셈입니다.

"아이, 엉덩이 차가워. 너희들은 어쩜 남자다운 데가 하나도 없냐. 밖에 나오면 여자들을 위해 점퍼를 벗어서 깔고 앉게 해 주어야지. 매너가 없어, 매너가."

갑자기 강아라가 자리에서 탁 일어나며 말합니다. 날이 추워지니까 바닥에 그냥 앉기는 좀 차갑긴 하네요. 그렇지만 꽃님이를 위해서라면 모를까, 강아라에게는 어림없지요.

"네가 여자였냐?"

나는 강아라에게 한마디 했습니다. 내 말에 다른 남자애들도 낄 낄 웃으며 맞장구를 쳤습니다. 강아라는 교회에서도, 학교에서도 유명한 조폭 마누라거든요. 강아라와 싸워서 이겨본 남자애가 하나도 없다니까요. 무슨 여자애가 그렇게 드센지 어떤 남자애는 울기까지 했다고요. 그러니까 내가 강아라를 싫어하는 거예요. 여자애가 꽃님이처럼 얌전하고 여자다운 데가 있어야지요.

"내가 여자가 아니면! 흥! 그러는 너는 뭐 남자답냐? 가슴은 여자애보다 더 크면서."

강아라의 말에 순간 뚜껑이 열리려고 했습니다. 나를 보면 만날 놀려대는 강아라지만 꽃님이도 있는 앞에서 살이 찐 내 모습에 대해 그렇게 말하다니요!

"사돈 남 말 하고 있네. 너는 그래 여자라서 여자답냐?"

내가 씨근거리자 옆에서 대호가 걱정스럽게 쿡쿡 찔렀습니다. 그만하라는 표시겠지요. 다른 친구들과 선생님의 표정도 굳어지는 게 심상치 않은 분위기가 되어버렸습니다.

"어허! 이 녀석들이, 기분 좋게 야외 수업 나와서 이게 뭐야! 둘 다 그만해."

강아라도 나도 더 이상 말을 하지 못하고 그만 얌전히 입을 다물었습니다. 별거 아닌 일에 둘 다 너무 흥분한 모양입니다. 꽃님이에게 좋은 이미지는 못 줄망정 강아라와 싸우는 모습만 보이다니후회가 밀려왔습니다. 아무럼 꽃님이는 사촌의 편을 들 테니까요.

"남자답다, 여자답다, 그런 게 무슨 싸울거리라고. 선생님이 돗자리 준비 못한 게 잘못이다. 선생님이 눈이 너무 작아서 돗자리를 못 찾았지 뭐냐. 이해해라. 응?"

선생님의 말에 아이들이 웃고, 다행히 분위기가 다시 좋아졌습니다. 대호가 나무라는 표정으로 나를 봤지요. 나는 기분을 참지 못하는 게 흠이라니까요.

"참, 둘의 얘기 듣다 보니까 생각나는데, 너희들은 남자다움, 여자다움, 이런 게 어떤 거라고 생각하니?"

선생님이 아이들에게 질문을 던졌습니다.

"싸움 잘하고, 의리 있고, 그런 게 남자다운 거 아닐까요?"

조폭 영화를 너무 많이 봐서 그런지 평소에도 싸나이가 어쩌고하는 수철이가 말했습니다. 녀석에게는 남자다움이 저런 것이겠지요.

"남자가 그렇다고 남자냐? 마음이 넓고 여자를 위하며 보호해 줄줄 알아야지."

민경이가 톡 쏘듯 대답합니다. 수철이가 젠체하고 다니는 걸 원래 보기 싫어했기 때문입니다.

"남자가, 남자다워야, 남자지, 좀스럽게 여자만 보호한다고 남자냐?

수철이가 요즘 유행하는 말투를 따라하며 민경이 말에 대꾸합니다. 강아라랑 내가 티격태격하던 게 겨우 진정됐는데, 이러다 '남녀싸움2'가 될 지도 모르겠네요.

"어허, 그만 그만! 누가 사랑싸움 하랬냐?"

선생님의 중재에 둘 다 입을 다물어버렸습니다. 왜 어른들은 남자애 여자애가 입씨름 하고 있으면 사랑싸움이라고 하는지 모르겠습니다. 정말 싸우는 건데 말이죠.

"만약에 말이다, 다들 생각하고 있는 '남자다움'이란 게 없다면 남자가 아닐까?"

선생님이 진지하게 묻습니다. 남자다움이 없으면 남자가 아니다…… 그럼 나도 남자가 아닐까요?

"남자다운 성격, 뭐 그런 게 없다 해도, 생식기가 달려 있고 그러면 남자인 사실은 변함없지 않을까요?"

이제껏 조용히 있던 대호가 대답했습니다. 대호의 말에 아이들

은 "어우!" 하면서 소리를 질렀지요. 생식기 어쩌고 하는 말 때문에요. 어떤 여자애는 얼굴까지 빨개지는군요. 나도 괜히 쑥스러워지려고 해요. 그런데 정작 대호 녀석만 아무렇지도 않네요.

"그래, 대호 말대로 남자, 여자, 신체적인 차이가 있고 각기 다른 특성이 있지. 그런데 남자다움이라고 하는 것은 과연 어디에 있는 걸까? 그걸 보여 줄 수 있을까?"

"보여 줄 수 없어요. 그냥 우리들이 알고 있는 것이잖아요"

"그래. 지금 우리 주변에 나무들이 있지? 우리가 이것을 나무라고 부르는 이유는 어떤 성질을 가진 것을 나무라고 부르기로 약속했기 때문이야. '나무다움'이라는 것이 어디에 따로 있어서 그런 건 아니란 말이지. 버드나무, 소나무, 벚나무, 은행나무, 이런 구체적인 나무들이 있을 뿐이지 나무다움은 따로 없다 이 말이야. 만약에 모든 나무들이 사라진다면 우리 머릿속에 나무다움이란 게 남을 수 있을까?"

선생님 말을 듣고 보니 그런 것 같았습니다.

"아, 알겠다. 남자다움이란 게 있다면 남자들이 다 사라지고 난 다음에도 '남자다움'은 남아있게 되는 거라는 거죠? 그건 말이 안 되잖아요. 그러니까 남자다움은 없다, 이 말이고."

대호가 고개를 크게 끄덕이며 말했습니다. 에잇, 아까워라. 내가 그렇게 말하려고 했는데 말이에요. 꽃님이 앞에서 아는 체 좀 하려고 했는데.

"대호가 선생님 말을 아주 잘 정리해 주었구나. 바로 그거야. 또 하나 예를 들어서 말이야, 우리가 공룡에 대해 알고 있는 것도 어딘가에 공룡다움이 있어서가 아니라 옛날에 있었던 공룡에 대한 흔적이 남아있기 때문인 거지. 구체적인 공룡에 대한 자료들 말이야. 공룡다워서 공룡인 건 아니야. 이걸 바로 형이상학적 설명이라고 한단다."

"아이고 참, 깜빡했네. 저는 남자다움을 매일매일 제 뱃속에 넣고 다니거든요. 그런데 오늘은 그걸 씻어 말리는 날이라 그만 나무에 널어놓고 왔지 뭐예요. 아이, 가지고 왔으면 보여줄 수 있었는데."

까불이 태훈이가 너스레를 떨며 말했습니다.

"네 남자다움은 약으로 못 쓰니까 안 가져와도 되거든!"

민경이의 대꾸에 아이들이 깔깔 웃어댔습니다. 남자다움이 어떤 건지는 잘 모르겠지만, 태훈이가 남자답지 않다는 건 아마 확실할 겁니다.

5 오캄의 면도날

"장난 그만치고. 녀석들이 선생님 수업을 자꾸 방해하네. 응? 면도날의 따끔한 맛을 볼래?"

선생님이 화난 척 아이들을 겁주었습니다. 에이, 그렇다고 선생님이 무서울 리가 있겠어요? 우리들은 선생님의 말에 겁먹은 척 입을 꼭 다물었습니다. 선생님이 말을 이었죠.

"남자다움에 대한 생각을 우리 모두 똑같이 하고 있을까? 내가 하는 생각, 너희들이 하는 생각, 그것이 남자다움에 대한 똑같은 생각일 수 있을까?"

아무래도 아닐 것 같지요? 누구의 머릿속에 들은 생각이 나와 똑같을 수는 없으니까 말이에요. 남자다움이 다르면 누구는 남자고, 누구는 아닐 수도 있는 거 아니겠어요? 강아라가 생각하는 남자다움이 나한테 없다고 내가 여자인 건 아니니까요.

"남자다움이란 게 어떤 건지 분명하지 않은 것 같아요. 우리 할머니는 남자가 부엌에 들어가면 고추가 떨어진다고 하는데, 부엌일 잘하는 게 남자답지 않은 건 아니잖아요."

할머니 말이 생각난 내가 한마디 하자 애들이 킬킬거렸습니다. 고추 떨어진다는 게 좀 그랬나? 꽃님이도 있는데 좀…… 그렇긴 하네.

"오호, 의지가 아주 좋은 얘기를 해 줬구나. 선생님 생각도 그래. 남자다움이란 게 어디에 있는 게 아니라 그저 '남자'가 있을 뿐이지. 대호, 의지, 수철이, 태훈이 같이 구체적인 남자들 말이야. 그 옛날에 오캄이라는 학자도 그런 주장을 했다."

오캄이라는 이름이 나오자 대호의 눈이 번쩍 했습니다. 오캄이라면, 저번에 대호가 면도날 어쩌고 하면서 흥미 있어 한 그 학자 잖아요? 대호의 관심이 또 발동하겠군요.

"단순성의 원리, 그 주장을 한 오캄이요? 책에서 본 적 있어요. 그런데 오캄이 남자다움에 대해서도 말했나 보네요?"

대호가 나서서 묻자 선생님도 신이 나는지 설명해 주기 시작했습니다.

"역시 대호는 아는 것도 많다니까. 그래. 오캄의 면도날이란, 과학적으로 증명이 불가능한 대다수의 것들은 실제로 있는 것이 아니며 믿음의 대상도 아니라는 거지. 그런 허구의 존재들을 자꾸 만들어내서는 혼란만 일으킬 뿐이라는 거야. 남자다움, 선함, 위대함, 이런 추상적 말들은 순전히 이름만 있는 거야. 실재하는 것은 이러이러한 남자들, 선하다고 생각되는 행위들, 위대하다고 믿는 업적들, 그런 것 뿐이라는 게 그의 주장이지."

"그런 것들이 왜 없어요? 우리 머릿속에 있는 거 아닐까요? 선함, 위대함, 이런 걸 생각할 수 있잖아요."

강아라가 인정할 수 없다는 듯이 말했습니다. 원래 강아라는 생각만으로 다 알 수 있다고 잘난 체 하는 아이라서 선생님 말을 받아들일 수 없었나 봐요.

"그런데 왜 그런 주장을 오캄이 했을까요?"

선생님 말이 끝나자 대호가 다시 물었습니다. 암튼 대호는 궁금

한 건 끝을 봐야 하는 성격이라니까요. 우리들은 이제 슬슬 좀이 쑤시려고 하는데 말이에요.

"플라톤, 아리스토텔레스, 이런 서양 철학자들은 세상에 있는 것들의 본질이 저 하늘에 있다고 생각했단다. 이데아라고 하는 그곳에 말이야. 남자다움, 선함, 이런 것들의 원형은 이데아의 세계에 있고, 이 세상은 이데아의 복사본이라고 여긴 거지."

"아, 어떤 철학책에서 본 것 같아요. 형이상학이라고 쓰여 있던 책이었는데."

자기가 형이상학적이라고 믿는 강아라가 냉큼 대답합니다. 다른 애들하고는 수준이 다르다면서 매일 자기가 고차원적인 형이상학자라고 잘난 체 하는 강아라가 가만히 있을 리가 없지요.

"그래, 그런 것이 바로 형이상학적인 생각이란다. 보여지는 형상 너머의 무언가가 있다고 믿는 것이지. 그런 생각이 고대로부터 중세까지도 사람들의 의식을 지배했다. 그런데 오캄은 볼 수 없고 만질 수 없는 형이상학적인 무엇이 있다는 것은 잘못이라고 말했던 거지. 실제로 증명할 수 있고 있다고 확인되는 것만이 진리라고 오캄은 주장했단다. 그러면서 진리를 탐구하기 위해 필요한 원리를 제안했지. 바로 다음과 같은 것들이야."

첫째, 존재자의 수를 불필요하게 늘려서는 안 된다.

둘째, 불필요하게 다수를 설정해서는 안 된다.

셋째, 소수를 가정해 설명할 수 있는 것을 다수를 가정해 설명하는 것은 헛되다.

선생님의 애기가 끝나자마자 대호가 얼굴을 환한 표정(뭔가 생각난 게 있을 때의 대호 표정이죠.)으로 말합니다.

"그게 오캄의 면도날이라는 거군요!"

지난번에 무슨 책 애기하면서 대호가 말하던 게 생각났습니다. 그때도 오캄의 면도날 애기를 했지요. 면도날 선생님에게 면도날 이론을 듣다니, 참 우습지요?

"선생님 말을 앞질렀네. 어떤 이론을 설명할 때는 간결하고 단순해야 한다는 뜻으로 오캄이 말했던 건데 후대 사람들이 면도날로 불필요한 것을 잘라내야 한다는 의미에서 면도날 이론이라고 불렀단다. 서양 고사성어에도 '오캄의 면도날'이라는 말이 있을 정도로 유명한 말이지."

"면도날이고 뭐고, 저 배고파요. 아침도 조금밖에 안 먹었단 말이에요. 도대체 언제 끝내주시려고요."

나는 선생님의 말이 끝나기를 기다리다, 기다리다 참지 못하고 말해버렸습니다. 다른 때 같으면 벌써 끝나서 집에 돌아갔을 시간인데, 더구나 자장면까지 배부르게 먹었을 시간이었지요. 그런데 오늘은 무슨 얘기가 그렇게 길어지는지, 내 뱃속에선 난리가 났지 않겠어요.

"그래, 그래. 미안하다. 선생님이 눈치 없이 너희를 붙잡아 뒀네. 선생님이 워낙 관심 있는 학자의 얘기라 길게 나왔나 보다. 미안한 의미로 어묵이라도 한 꼬치씩 먹고 갈까? 선생님이 쏜다."

아이들은 일제히 환호성을 질렀습니다.

"앗싸!"

분명히 아이들은 내가 말해주길 기다렸을 겁니다. 선생님의 얘기를 가장 관심 있게 듣던 대호마저도 어묵이라는 말에 기다릴 것 없이 벌떡 일어났거든요. 우리들은 제일 길었던 분반 공부를 한 보상으로 어묵 먹으러 분식집으로 달렸답니다. 오늘같이 쌀쌀한 날씨에 어묵 국물만큼 뜨끈하고 맛있는 게 없지요. 내숭쟁이 민경이도 신난 기색을 감추지 않네요.

"이왕이면 떡볶이도 사 주세요!"

강아라가 웬일이에요? 내가 하고 싶은 말을 먼저 하다니. 우리 착한 면도날 선생님, 지갑 털리는 날인데도 허허 웃습니다. 선생님 얘기 좀 들어준 것 치고는 호강이지 뭐예요. 이런 분반공부라면 뭐, 매주 해도 괜찮을 것 같지요?

보편논쟁을 통해 본
'오캄의 면도날' 보편논쟁의 발단

처음에 기독교는 믿음을 통해 하나님의 지혜를 얻는 신앙만이 참된 진리에 이르는 길이라 여겼습니다. 하지만 기독교의 규모와 세력이 점차 커지자, 교회는 세계만민의 '보편교회'라고 자처하게 되었습니다.(중세부터 기독교의 이름이 '보편'이란 어원을 담고 있는 '가톨릭'인 것은 이런 사정을 보여주는 좋은 예입니다.) 그래서 하나님 지혜와 참된 진리의 보편성을 주장하고, 그에 이르는 방법까지 보편성을 갖추고자 했어요. 왜냐하면 보편적 진리라면 신앙을 가지지 않은 사람들에게도 열려 있어야 하니까요. 다시 말해 '믿지 않고도 진리에 이를 수 있는' 방법이 있어야 했어요. 그런 방법은 개인이 믿는 신앙과 상관없이 누구나 가질 수 있는 이성과 논리를 사용해요. 그리고 하나님의 계시를 통한 참된 진리를 아는 것이죠. 토마스 아퀴나스를

대표로 하는 스콜라시대의 대부분 학자들은 그것이 가능하다고 생각했습니다. 그리고 '하나님의 존재'가 사실이란 것을 논리적으로 증명해 보기도 했습니다. 이처럼 보편적 존재가 진짜 있다고 주장하는 것을 '실재론'이라 하고, 그것을 알 수 있다는 것에 낙관적으로 여기는 것을 '주지주의'라고 합니다.

그러나 이런 입장을 정면으로 반박하는 학자들로 있었답니다. 그 학자들은 보편적 존재는 사물이 존재하는 것처럼 있는 것이 아니라 우리의 마음속에만 있다고 해요. 예컨대 '남자다움'이라는 보편적 존재는 실재하는 것이 아니고 '남자답다고 하는 행동' 또는 그런 행동을 하는 구체적인 사람이 있을 뿐이라는 말입니다. 다시 말해 보편적 존재는 실재하지 않고 이름뿐이라는 뜻입니다. 이를 일컬어 '유명론'이라 해요. 또한 그런 존재는 이성적 논리에 의해서 알 수 없고, 오직 그것을 믿는 우리의 신앙의지에 달린 문제라는 뜻에서 '주의(의지)주의'라고 해요.

가장 대표적인 유명론자이자 의지론자가 오캄이랍니다. 오캄은 '이성과 신앙은 일치하다.'는 주장에 계속 반대하였으며 결국 이성과 신

앙을 분리하였어요. 분리한 핵심은 이성적 지식의 본질인 언어와 논리의 모순을 밝힌 것이에요. 오캄처럼 보편성의 논리에 부정적인 입장을 내세우는 태도는 기독교의 목표이자 중세의 세계관을 정면으로 부정하는 것으로써, 목숨을 내건 용기가 필요했답니다.

보편논쟁의 두 입장과 오캄

앞에서도 말했다시피 보편논쟁은 스콜라철학 최대의 논쟁입니다. 이 논쟁의 시작은 12세기의 예리한 논리학자 아벨라르가 다음과 같은 문제에 의문을 품은 것에서 시작되었어요. '보편은 실체로서 존재하는가, 아니면 사고(생각) 속에서만 존재하는가? 이를테면 구체적인 아무개가 아닌 '인간'이라는 보편적 존재가 실제로 있는가?

이 물음에 '보편은 실재한다.'는 입장이 실재론이고, '허울뿐인 이름에 불과하다.'는 입장이 유명론입니다. 실재론은 당시 교회의 입장을 대변하는 이론이었어요. 하지만 오캄은 후자의 입장, 즉 유명론을 주장한 대표적인 인물이죠.

오캄은 무엇인가를 논리적으로 설명할 때는 경험한 사실만을 대상으로 삼아야 한다고 했어요. 보편적 존재와 같이 경험을 뛰어넘은 존재들은 철저하게 제외시켜야 한다는 것이죠. 오캄은 이성적 논리로 따질 수 없는 요소들을 앎의 논리에서 철저히 없애야 한다고 했습니다. 그런 그의 태도는 사람들에게 마치 예리한 면도날로 군더더기를 도려내는 것처럼 비쳤던 것입니다. 오캄이 이런 주장을 한 의도는 신앙의 문제가 이성적 논리로써 해결이 불가능하다는 것을 강조하기 위해서랍니다.

다시 말해 오캄의 면도날 용도는 논리적으로 따질 수 없는 형이상학적인 신앙의 요소를 추려냄으로써 신앙과 지식을 분리하는 것이죠. 이를 통해 궁극적으로 의도했던 것은 신앙을 지식의 범위에서 분리시키고, 온전히 보존하는 것이었습니다. 그런데 오캄이 **실제로 이룬 성과**는 따로 있습니다. 지식과 신앙이 분리되었다는 것은 지식의 영역이 신앙으로부터 훨씬 자유로워졌다는 것을 의미합니다. 지식은 더욱 활발해지고 경험적 사실과 실험을 중요시 하였습니다. 즉, 오캄의 유명론은 사실과 실험을 토대로 하는 근대과학이 시작할 수 있는 벌판이 되었죠.

3

흑돼지의 인생 대혁명

 원칙이란 불필요하게 곱해져서는 안 된다.

– 윌리엄 오캄

1 나는 못난이

면도날 선생님의 수업이 끝나고 대호, 꽃님이, 강아라와 저는 걸어서 집에 가기로 했습니다.

"에이, 면도날 선생님 때문에 차 시간만 놓쳤잖아. 한참 걸어가야 하는데……. 꽃님아 다리 안 아파? 조금 많이 걸어야 할 텐데."

용기를 내어 꽃님이에게 말을 건넸습니다. 예쁜 꽃님이는 제가 좋아하는 미소를 지으며 말했습니다.

"고마워 의지야, 괜찮아, 날씨도 좋은데 뭐. 산책하면서 천천히

가자.”

“그래, 날씨도 좋고 걷기에 좋은데 뭐. 그리고 의지 너 맛있는 어묵이랑 떡볶이도 실컷 먹었잖아.”

“너한테는 운동도 되고 더 좋지 뭘.”

대호의 말에 강아라가 얼른 덧붙입니다. 하여간 좋은 말을 해 주는 법이 없어요.

“아, 그런데 정말 신기하더라. 내가 오캄에 대해 궁금해 하던 걸 어떻게 알았을까? 딱 맞춰 선생님이 그 얘기를 꺼내고 말이야. 하나님이 내 마음을 알아서 선생님한테 전해준 것 아닐까?”

대호가 갑자기 생각난 듯 말했지요. 오캄 타령이 또 이어지려나 봐요.

“코페르니쿠스에게 큰 영향을 주었다는 오캄 말이야, 지금은 별거 아니게 보일지 모르지만, 신이 모든 것의 중심이었던 중세인 걸 생각하면 거의 혁명이었을 거 같아. 추상적이고 모호한 것들은 모두 버려라, 얼마나 획기적인 주장이었겠어? 참 멋진 학자야. 안 그러냐?”

“대호 너는 아는 게 참 많은가 보구나.”

대호의 장황한 말 뒤에 꽃님이가 처음으로 입을 열었습니다. 아,

꽃님이의 말하는 모습을 직접, 가까이서 보니 가슴이 더 설레는 걸요. 어쩜 목소리도 저렇게 예쁠까요.

"많긴 뭘. 아직도 알아야 할 것이 더 많지. 세상에는 무지하게 많은 지식이 있잖아."

대호가 겸연쩍은 듯 머리를 긁적이며 대답하자 꽃님이의 얼굴에 살짝 미소가 보입니다. 이제 보니 미소 지을 때 보조개도 들어가네요. 뭐 하나 예쁘지 않은 것이 없습니다.

"오캄인가, 그 면도날 이론대로면 지식도 필요한 것, 불필요한 것 골라내야 되는 거 아니야? 지식이라고 다 지식은 아니니까 말이야."

인정하긴 싫지만 강아라가 좀 똑똑한 건 사실입니다. 나는 선생님 얘기가 계속되니까 무슨 말인지 귀에도 잘 안 들어오고 몸이 배배 꼬이던데, 강아라는 그 말을 다 이해했나 봐요. 치, 형이상학적이고 잘난 애들 틈에 있으니 내가 더 볼품없어지는 것 같네요.

"그래. 꼭 필요한 것들만 남겨야겠지. 중세에도 그랬지만 지금도 필요하지 않은 일들이 많은 것 같아. 인터넷을 사용하는 것만 해도 그래. 인터넷 조금만 봐야지 하다 보면 시간이 금세 몇 시간 가버리잖아. 뭘 했는지도 모르게 별로 얻는 것도 없이 말이야. 이런 것도 오캄의 면도날로 '싹둑!' 잘라야 한다니까. 인터넷을 사용하면서 별 소득 없이 시간만 허비한다는 생각이 드는 이유는 우리가 다양한 정보 매체를 사용하고 있을 때 정보간섭에 끊임없이 노출되기 때문이래. 우리가 도구의 노예가 되지 않고 도구의 주인이 되기 위해서는 정보를 완전하게 통제할 수 있어야 해. 그러니까 오캄의 면도날로 '나에게 중요한 것인가', '급한 것인가', '내가 해야 하는가'의 순서대로 정보를 판단해야 해. 그 과정에서 필요 없는 것은 오캄의 면도날로 '싹둑!' 잘라버려야 해."

대호의 말에 내 가슴이 면도날에 베인 것처럼 뜨끔했습니다. 꼭 내 얘기를 예로 든 것 같아서 말이에요. 바로 어제 저녁에도 그래서 엄마에게 혼이 났잖아요. 정말이지 인터넷으로 정보를 찾는다 하고는 결국 필요 없는 것만 더 많이 보고, 남는 것 없이 시간만 지날 때가 많긴 하지요. 오캄의 면도날이 이래서 필요한가 보지요? 인터넷을 사용할 때도 무엇을 할 것인가 먼저 생각해 보고 해야 할까 봐요. 필요한 책도 좀 보고요. 이러다 유식한 애들 사이에서 나만 무식한 애가 될 것 같거든요.

집으로 돌아와 누나와 TV를 보다가 아이스크림 내기를 하였습니다. 제가 져서 혼자 가까운 슈퍼에 가는데 강아라네 집 앞을 지나가게 되었습니다. 그런데 강아라네 현관문이 열리면서 강아라가 나오는 거예요.

"싫어! 나 전학가기 싫단 말이야. 싫어! 난 안 가!"

전학? 강아라가 전학을 간단 말인가요? 갑자기 무슨 일인지 요즘 강아라가 이상합니다. 지난번 교무실에서 울고 있었던 일도 그렇고요.

슈퍼에 다녀오는데 강아라가 아직도 현관 앞에 앉아 있잖아요. 그래서 전 강아라에게 아이스크림 하나를 주면서 말했습니다.

"강아지, 무슨 일 있어?"

진심을 담아 제 아이스크림을 주면서 얘기했는데 강아라는 갑자기 나를 째려보았습니다.

"야! 너나 먹어. 네가 그러니까 살이 찌지! 그렇게 뚱뚱해서 어떤 여자애들이 좋아하겠어? 살 좀 빼! 이 흑돼지야."

"뭐라구? 강아지! 너무 심한 거 아니야? 친구가 걱정을 하면 진심으로 받아들일 줄도 알아야지. 똑똑한 강아지가 그것도 모르니? 너도 마찬가지야. 어떤 남자애가 너 같은 여자애를 좋아하겠어?"

"몰라! 너 왜 자꾸 날 괴롭히는 거야?"

갑자기 강아라의 눈이 빨개지면서 눈물이 흘러내렸습니다. 그러면서 큰 소리로 울기 시작했습니다. 너무 당황한 나머지 저는 아무 말도 못하고 서 있었습니다. 그때 강아라는 흥! 하면서 들어가 버렸습니다. 집으로 돌아와 누나에게 아이스크림을 다 주고 방으로 들어와 버렸습니다.

2 다이어트 100일 대작전

거울 앞에 서서 제 모습을 바라보았습니다. 제가 봐도 뚱뚱하긴 합니다. 강아라의 말이 좀 심하긴 했어도 맞는 말이긴 합니다. 숨을 쉴 때마다 배가 올라왔다 내려갔다 하는 걸 보니, 아빠 배보다 더 많이 나온 것 같아요.

살이 쪄서 그런지 눈도 작아졌고 코도 둥그스름해졌네요. 몇 년 전만 해도 살이 이만큼 찌지는 않아서 얼굴도 잘 생긴 편이었는데 말이에요. 뚱뚱해지면 못생겨진다는 게 맞는 말인가 봅니다. 그런데 사실 뚱뚱한 몸 덕분에 내가 좀 인기 있긴 합니다. 이런 몸으로 춤을 추거나 장난을 걸면 애들이 얼마나 재미있어 한다고요. 얼굴 표정 짓고 하는 것도 개그맨보다 더 웃기대요. 강아라가 제주 흑돼지라고 놀리기 전까진 내 별명이 '걸어다니는 개그콘서트'였다니까요.

그런데 애들에게 인기 많고, 나만 보면 재미있어 하는 걸 보고 내가 꽤 괜찮은 줄 알았는데, 오늘 가만 생각해보니 내가 참 못난 것 같아요. 꽃님이도 나를 쳐다보지 않을 만큼 말이에요.

강아라는 시비 거는 것이긴 해도 만날 나한테 말은 거는데, 꽃님이는 아직 나에게 한마디도 하지 않았거든요.

이렇게 뚱뚱하지 않았더라면, 아는 것이 많았다면 나에게 말을 걸었겠죠? 대호에게 그런 것처럼 말이에요. 마법의 면도날이라도 있다면, 내 몸에 불필요한 살들을 다 사라지게 했으면 좋겠어요. 정말 그런 게 있다면요.

저는 방으로 들어와서 5절지 스케치북을 한 장 북 뜯어서 크게 글씨를 썼습니다.

'다이어트 100일 대작전!'

그래요, 바로 이겁니다! 이렇게 뚱뚱해진 몸을 탓하고 있을 게

`다이어트 100일 대작전`

첫째 먹을 것의 수를 불필요하게 늘여서는 안된다
둘째 불필요하게 다섯끼를 먹어서는 안된다
(하루 딱 세끼만)
셋째 한 그릇으로 배부를 수 있는
것을 몇그릇이나 먹는 것은 안돼 ♥ ^^&

아니라 뚱뚱하게 되지 않도록 하면 되는 거 아니겠어요? 마법의 면도날이 없다면 내가 면도날이 되면 되는 거잖아요. 내 몸에 필요한 것만 남기고 불필요한 것들을 다 없애는 거예요. 쓸데없이 인터넷 서핑 오래 하는 것까지도 오캄의 면도날처럼 말이죠.

 그렇게 달라지면 꽃님이도 나를 처다보지 않겠어요? 똑똑한 사람을 좋아한다고 했으니 책도 좀 읽고……. 그래! 내 삶에 혁명을 가져오는 거예요!

 나는 커다랗게 쓴 글씨 밑에 작은 글씨로 몇 가지 원칙을 적어 놓았습니다.

첫째, 먹을 것의 수를 불필요하게 늘려서는 안된다.
둘째, 불필요하게 다섯 끼를 먹어서는 안 된다.
　　(하루 딱 세끼만!).
셋째, 한 그릇으로 배부를 수 있는 것을, 몇 그릇씩이나
　　 더 먹는 것은 헛되다.

내가 원래 간식도 많이 먹고 밥도 많이 먹거든요.(하루에 보통

다섯 끼씩 먹었으니까 말이에요. 너무 많긴 하죠? 히히.)

먹는 것의 조절이 다이어트의 시작이라고 어디서 본 것 같아요. 그래서 이런 원칙부터 지키려고 적은 것이지요. 그런데 어째 쓰고 보니 베낀 것 같은 글귀네요? 어디서 봤더라…… 가만 생각하다 보니 퍼뜩 떠오르는 게 있었습니다. 바로 오캄의 면도날 이론! 아까 선생님에게 들었던 그 규칙들 말이에요.

필요 없는 것들을 줄이라는 건 과학적 검증 원리나 살빼기나 똑같은 이치인가 봐요. 나는 참 기억력도 좋지, 어쩜 빼 놓지 않고 그걸 기억하고 있었을까? 역시, 머리가 나쁜 아이는 아닌 것 같아요. 그러니까 노력만 좀 하면 된다는 말씀. 자, 그럼 지금 당장 실천 들어가야겠죠?

나는 하도 펼치지 않아서 먼지가 쌓인 탐구학습 대백과를 꺼내 들었습니다. 내가 초등학교 입학하던 그 해에 12개월 할부로 구입했다며 엄마가 책장에 꽂아준 책이랍니다. 아마 몇 년 지난 지금까지 이 책을 꺼내 본 것이 손에 꼽을 정도일 거예요. 이것만 다 안다면 꽃님이에게 내가 참 근사해 보이겠지요?

"의지야, 너를 제대로 보지 못한 것 같아. 이렇게 아는 게 많고 멋있는 아이였는데……."

앗, 어느새 내 앞에 나타난 꽃님이가 나에게 말합니다. 내가 멋있는 아이라고 알아주다니……. 이럴 줄 알았습니다. 내가 원래 바탕이 되잖아요. 조금만 신경 쓰면 진짜 괜찮아진다니까요.

"네가 저번에 말 걸지 않아서 좀 서운했어. 나는 너랑 친하고 싶었는데……."

"아, 그때 일은 미안. 이제 우리 잘 지내보자. 그런 의미에서 자, 악수."

그러면서 꽃님이가 손을 내밀었습니다. 그런데 내가 꽃님이의 손을 잡으려하자 그 애의 손은 점점 더 멀어져 갑니다. 안 돼~ 멀리 가지 마! 내가 꽃님이의 손을 잡으려고 팔을 더 내미는데 뭔가 쿵 떨어지는 소리가 났습니다.

소리에 놀라 벌떡 일어나보니 책상 옆에 포개어 쌓아 놓은 백과사전이 방바닥으로 떨어지는 소리지 뭐예요. 내가 펼쳐 놓고 있던 '천동설과 지동설' 편은 침으로 얼룩져 종이가 다 젖어 있었습니다. 책을 꺼낸 지 얼마나 됐다고, 한 장을 채 못 보고 잠이 들었나 봐요.

아, 내가 생각해도 참 너무 합니다. 책만 보면 이렇게 잠에 빠지다니. 지동설 좀 공부해서 아는 체 하려고 했는데 한 장을 다 못

읽었답니다. 내 인생의 혁명! 갈 길이 참 멀 것 같아요.

"의지야, 저녁 먹자."

깜빡 잠 든 것 같은데 벌써 저녁 먹을 시간이라니요? 시계를 봤더니 두 시간이 훌쩍 지나 있었습니다. 어젯밤 잠이 부족해서 그랬나 봐요. 역시 엄마 말이 하나도 틀리지 않네요. 책 보라면 드르렁이고, 놀 때는 밤을 새운다고요. 정말 내가 생각해도 부끄럽지 뭐예요.

"의지야, 어서 나와 저녁 먹어. 응? 그런데 책상에 웬 책이니? 네가 책을 다 읽고 있었어? 아유, 우리 의지가 웬일이래?"

엄마가 방문을 열었다가 책상에 있는 내 모습을 보고 놀라 묻습니다. 마침 침을 슥 닦고 일어나 있었던 차라, 제가 자고 있었던 건 모르시나 봅니다.

"으응, 저 오늘부터 새 삶을 살려고요. 새로 태어난 한의지, 한번 지켜봐 주시라니까요."

첫날부터 졸긴 했지만 내 결심은 변함없었기에 비장한 목소리로 내가 말했지요. 엄마는 내 말에 눈이 휘둥그레지며 의아한 표정을 짓습니다. 그러면서도 은근히 기분 좋으셨는지 빙긋 웃으며 한마디 덧붙이십니다.

"뭐가 됐든 엄마는 대환영이다. 우리 의지가 스스로 뭔가를 생각하고 있는 것 같아서 말이야."

엄마는 제 엉덩이를 툭툭 두드리시고는 흐뭇하게 나가셨어요. 저도 어깨가 으쓱해졌답니다.

3 신을 부정한 신학자

아, 기다리던 일요일이 되었습니다. 거울 앞에서 저는 제 모습을 찬찬히 살펴보았죠. 인생의 대혁명 일주일의 성과치고는 눈에 띌 만한 변화는 보이지 않네요. 그래도 온갖 유혹을 이기고 내가 세운 규칙들을 지켰다는 건 대단한 일이에요. 다섯 끼에서 세 끼로 줄였고 간식도 안 먹었거든요. 운동장도 매일 세 바퀴씩 달렸고요. 이렇게 열심히 한다면 첫눈 오기 전에는 꽃님이에게 멋진 모습 보여줄 수 있겠지요?

예배는 길고 따분하지만 옆에 앉은 대호와 장난치며 시간을 보냈기에 참을만 했습니다. 대호마저 같이 다니지 않는 교회였다면 엄마가 아무리 강요해도 오지 않았을 거예요. 교회에서 주는 과자랑 간식거리가 아무리 좋아도 말이에요. 수업 하는 것처럼 가만히 앉아서 1시간 있으려면 얼마나 괴롭다고요. 대호가 있어 정말 다행이죠.

예배가 끝나고 분반 공부를 하려고 우리끼리 모이는 시간이 되었습니다. 선생님이 오늘 배워야 할 부분의 책을 펼쳤지요. 그때 강아라가 말했습니다.

"선생님, 우리 오늘도 야외 수업해요. 네?"

"녀석들이 한번 맛들이더니 매주 나가려고 하네, 응? 오늘은 날도 쌀쌀하니까 그냥 안에서 하자."

"아이, 선생님. 저 오늘이 마지막 수업이 될 거란 말이에요. 그러니까 기념으로 특별수업 안 돼요?"

강아라가 마지막 수업이라니? 그건 무슨 소리지?

"아니, 무슨 말이니? 이제 교회 안 나올 거야?"

선생님도 놀라 강아라에게 묻습니다.

"저, 다음 주에 이사 가요. 토요일에 이사라서 이번 주가 마지막

일 것 같거든요."

"그래? 그렇게 빨리? 이런, 우리 아라하고 정이 많이 들었는데, 이렇게 가 버린다니 너무 섭섭한데."

선생님이 정말 울기라도 할 것처럼 서운하게 말했습니다. 우리 선생님은 정이 참 많은 사람이니까요. 그런데…… 왠지 강아라가 이사 간다는 말에 나도 섭섭한 생각이 들었습니다. 강아라만 안 보고 살면 행복할 것 같았는데, 매일 만나고 매일 투덕거리던 강아라가 없어질 거라고 생각하니 허전한 기분인 거예요.

우리들은 지난번에 갔던 분식집에서 떡볶이를 먹으면서 수업을 하였습니다. 저는 꽃님이에게 잘 보이기 위해 어떤 질문을 할까 고민을 하다 제일 먼저 손을 들고 얘기했습니다.

"그런데요 선생님, 저는 교회를 다니면서도 항상 의문이 들거든요. 정말 하나님은 있는 걸까, 그런 생각이요."

"너는 교회 다니는 애가 어떻게 그런 걸 의심하냐? 교회에 다닌다는 건 하나님이 있다고 믿는 거잖아. 너 사실은 떡볶이 먹으러 오는 거지?"

민경이가 면박 주듯이 말했습니다.

"아니야, 민경아. 그렇게 말할 일은 아니야. 교회를 다닌다고 저

절로 하나님이 믿어지는 건 아니니까. 의심할 수 있어. 선생님도 그랬는걸 뭐."

선생님마저 그렇게 말하자 아이들도 은근히 끄덕이는 것 같았습니다.

"사실은 저도 그런 생각을 하긴 했거든요. 보이지 않는 것을 어떻게 믿을까……."

대호가 조심스럽게 물었습니다. 그리고는 생각난 듯 이어서 말했지요.

"참, 그때 선생님이 오캄 얘기하실 때요, 오캄은 추상적인 모든 것을 면도날로 잘라 버리라고 했다면서요. 검증할 수 없는 무엇에 대해서는 말하지 말라고요. 그럼 신은 있다고 증명할 수 없으니까 없는 게 아니에요?"

듣고 보니 그런 것 같았습니다. 오캄은 보이는 것, 경험할 수 있는 것만 진리라고 했잖아요. 그럼 보이지 않는 신은 어떻게 증명하지요?

"마침 대호가 그 얘기를 잘 꺼내주었구나. 신의 증명에 대해서는 지난번에 우리가 말했던 오캄의 이론과도 연관이 되거든. 어떤 이론과 원리가 먼저 있었다고 주장하던 사람들을 좀 어렵게 말해서 실재론자라고 하지. 반대로 보편자가 실제로 존재하는 게 아니라 단지 이름일 뿐이라고 주장하는 사람을 유명론자라고 하는데, 오캄이 바로 유명론자란다."

"이상하네요? 오캄이 신학자라고 하지 않았어요? 그렇다면 신도 그냥 이름뿐이라고 주장하는 게 되잖아요. 결국 신은 없는 거고요. 신학자가 신을 부정한다니 이해가 안 돼요."

강아라가 고개를 갸웃거리며 물었습니다.

"그래. 그렇게 생각할 수도 있겠지. 오캄의 말대로라면 보편자가 실재하지 않는 게 되니까 말이야. 그런데 오캄의 말은 그런 게 아니었단다. 오캄은 인간이 이성을 이용하여 신이 실재하는지 그렇지 않은지 증명할 수 없다고 했던 거지. 오캄은 신앙과 이성을 분리시켰단다."

"신앙과 이성의 분리요?"

선생님의 설명이 끝나자 대호가 말했습니다. 신앙과 이성이라……. 그것이 뭐 다른 걸까요? 신앙은 믿는 문제고, 이성은 생각하는 문제고, 그런 건가? 내 이성은 슬슬 한계에 다다르려고 했습니다. 하나님이 정말 있느냐는 질문 하나 했다가 아주 이성의 능력을 시험 당하는 것 같아요.

"음, 이걸 얘기해 주면 좀 이해가 되겠구나. 하나님은 절대적 능력을 가지고 계시는데 절대적 능력은 그야말로 한계가 없는 것이고, 하나님은 우리의 상식을 초월하기 때문에 이성적으로 이해하는 것이 불가능하다는 거야. 오캄은 이런 생각을 가지고 기존의 신학자들을 비판했단다. 신은 사람들이 증명할 수 있는 한계를 넘어서 존재하기 때문에 보여지지 않는다고 해서 신이 없는 것은 아니라는 게 오캄의 주장이란다. 그래, 너희들 생각은 어떠니? 오캄의 말이 맞는 것 같니?"

이번에는 애들이 모두 입을 다물고 가만히 있었습니다. 각자 생각이 많아 보이네요. 이런 얘기를 꺼낸 게 나니까 아무래도 내가 대답해야겠습니다.

"확실히는 모르겠지만, 만약에 신이 있다면 그걸 사람의 생각으로 알 수는 없을 것 같긴 해요. 그런데 그렇게 위대한 능력이 있으면 우리한테 한번 나타나 주시지 왜 모습을 보이지 않을까요? 보이기만 하면 안 믿을 사람이 없을 텐데……."

내 말을 듣고는 선생님이 하하 웃습니다. 뭐 그렇게 웃긴 얘기도 아닌데……. 사실이잖아요. 하나님이 짠~ 하고 보여주면 사람들이 왜 이렇게 복잡한 토론을 하고 다른 주장을 하겠어요. 내가 신

이라면 사람들 하는 모양이 답답해서라도 나타나 줄 텐데 말이에요.

"그것 또한 신의 뜻이니 우리가 알 수 없겠지. 어쩌면 신은 우리 주변에 늘 있는 건지도 몰라. 우리가 그걸 믿느냐 안 믿느냐 하는 것은 신앙의 문제겠지."

선생님의 말에 아이들이 고개를 끄덕였습니다. 아이고, 얘기가 너무 길어졌네요. 아까 먹은 떡볶이도 벌써 소화된 것 같습니다. 저녁까지 아무것도 먹지 않아야 하는데 벌써 배가 꺼져서 어떡하나 몰라요.

4 꼭 필요한 것만!

여기까지 선생님 말을 들으니 갑자기 대호가 했던 말이 생각났습니다. 지동설 어쩌고 얘기하면서, 오캄의 영향 덕분에 역사적 전환이 있었다고 했던 거 말입니다. 아, 이제야 좀 알 것 같습니다.

"선생님, 근데 언제 끝나요? 저 화장실 가고 싶은데……."

이제까지 한 마디도 하지 않던 태훈이가 침묵을 깼습니다. 잠시도 가만히 있지 않는 태훈인데 가만 보니 오래 참기도 했네요. 벌써 1시간이 넘었거든요.

"아, 미안, 미안. 너희들과 얘기하는 데 너무 심취해 버렸나보다. 너희들의 초롱한 눈망울을 보니까 조금이라도 더 알려주고 싶은 마음이 들어서 한참 길어졌네. 내가 말이 좀 많았나?"

"면도날 이론이라서 선생님이 더 좋아하신 거 아니에요? 면도날 선생님의 면도날 이론, 히히히."

오래 참았던 태훈이가 결정적 한마디를 합니다. 정말 그렇지요? 눈 작은 면도날 선생님의 면도날 이론, 너무 어울리네요.

"이 녀석아, 그래도 이 면도날 같은 눈이 매력적이라고 좋아하는 여자도 있어."

"예에? 설마 그럴 리가요!"

선생님의 말에 아이들이 입을 모아 합창을 했습니다. 차라리 착한 성격, 목소리, 뭐 이런 거라면 모를까, 떴는지 감았는지도 알 수 없는 선생님의 눈이 매력적이라니요.

"진짜라니까. 선생님처럼 작은 눈이 멋있다고 하는 여자가 있단 말이다. 얼마나 선생님을 쫓아다녔는데."

"에이, 반대겠죠! 선생님이 쫓아다닌 거 아니에요?"

아이들이 믿을 수 없다고 소리치자 선생님은 정색을 하면서 지갑에 있는 사진을 보여 주었습니다. 정말로 어떤 여자와 같이 찍은 사진이 있는 거예요. 언뜻 보기에도 아주 선생님을 좋아하는 모습인 것 같았습니다.

"봐, 진짜지? 이제는 믿겠지?"

선생님은 의기양양한 표정으로 자랑을 했습니다. 참 신기한 일이지요? 남자다움(아차, 오캄은 남자다움이란 건 없다고 했는데 그럼 그냥 '남자로서')이라고는 찾아볼 수 없는 면도날 선생님에게도 애인이 있다니요.

정말 하나님은 있나 봐요. 선생님에게도 짝이 있는 걸 보면 말이에요. 하나님이 그 여자친구의 눈에 콩깍지를 씌어준 게 아니겠어요? 할머니가 그러셨거든요. 남자 여자는 눈에 콩깍지가 씌어야 사랑하게 되는 거라고요. 하나님이 면도날 선생님의 소원을 들어주신 게 분명해요.

가만, 그럼 나도 열심히 기도하면 꽃님이의 눈에 콩깍지를 씌어 주실까?

"우리 아라가 오늘이 마지막 수업이라고 했지? 기억에 남을만한 무엇을 해 주었으면 했는데, 어땠니?"

선생님이 강아라에게 물었습니다. 강아라는 잠깐 망설이더니 대답합니다.

"저는 남보다 많이 가지고 싶고, 많이 알고 싶고, 그랬거든요. 그런 거에 욕심이 많아서 닥치는 대로 책을 보고, 물건도 사서 모으고 그랬어요. 그런데 오캄의 얘기를 듣다 보니까 그 면도날이라는 것이 절약하라는 뜻이 아니었을까 생각돼요. 꼭 필요한 것만 남기고 나머지는 다 잘라내 버리라고요. 저한테도 오캄의 면도날이 있어야겠다는 생각이 드는걸요."

강아라의 저런 모습은 처음입니다. 저렇게 진지하고, 저렇게 차분하고, 저렇게 멋있는 말을 하는 모습은 말이에요. 내가 강아라를 너무 나쁘게만 보려고 했나 봅니다. 알고 보면 꽤 괜찮은 면도 많은데 전학을 간다는 말에 왠지 서운한 마음이 듭니다.

"아라가 마지막 수업이라고 근사한 말을 남겨 주는구나. 그래, 아라 말대로 오캄의 면도날이 지금 우리에게 주는 의미는 그런 것일 게다. 너무 풍족하고, 너무 넘쳐나고, 너무 낭비하는 요즘, 꼭 필요한 것만 남기라는 뜻 말이야. 없어서 궁핍하던 옛날에 비하면 지금 우리는 불필요한 것들을 너무 많이 가지고 있는 것 같다. 인터넷에도 정보가 그렇게 넘쳐 나지만 정작 우리에게 필요한 건 얼마 되지 않거든. 풍요로움 속에서 꼭 필요한 것만 남기고 잘라내는 면도날이 우리에게도 있어야 할 거야."

선생님의 말에 나도 깊이 동조했답니다. 인터넷 서핑을 할 때마다 시간만 낭비된 때가 많았으니까요. 아, 그리고 내 몸의 살들! 여기야말로 절약이 필요해요. 정!말!로!

"그래서 오캄이 청빈과 무소유의 삶을 살았던 거군요. 그것 때문에 교단의 미움도 받고 이단으로 몰리기도 했다던데."

대호는 이제 아주 오캄의 전문가가 되었나 봅니다. 저런 건 또 언제 알았대요?

"허허, 그래. 대호가 선생님이 할 말 다 해라, 다 해. 선생님보다 아는 게 더 많으니 할 말이 없구나."

그러면서 선생님은 기분 좋은지 허허거렸습니다.

"자, 이제 그만 일어날까? 시간이 너무 지나버렸구나. 이거 분식집 영업에 방해가 되겠는데."

선생님과 우리들은 모두 일어나 바깥으로 나왔습니다. 지난주보다 한결 차가워진 바람이 얼굴을 스치고 지나가네요. 예쁘게 색 들었던 나뭇잎도 그새 다 떨어지고 가지만 앙상합니다.

이 계절이 지나면 우리는 또 한 살 더 나이를 먹겠지요. 그냥 나이만 먹는 게 아니라 생각의 깊이도 쑤욱 자랐으면 좋겠습니다.

엄마가 항상 말하거든요. "너는 헛나이만 먹느냐?"고요. 속이 차
야 어른이 된다고 그랬는데, 내 인생의 대혁명을 결심한 요즘이니
까 속도 차겠지요?

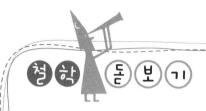

'앎과 믿음의 관계'를 통해 본 중세 스콜라철학 정리

우리가 어떤 사실을 '아는 것' 과 '믿는 것' 이라 말할 때 어떤가요? 비슷하거나 같은 뜻일까요? 아니면 어딘가 다르게 느껴지나요? 뭔가 다르긴 다른데 모르겠다고요? 다음과 같은 네 가지 가능 유형을 놓고서 이 점을 한번 곰곰이 따져봅시다.

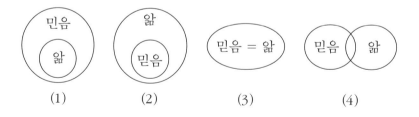

그림(1) '서울은 대한민국의 수도다.' 는 사실은 믿음의 대상이 아니라 그냥 아는 것입니다. 믿는다고 하기보다는 그렇게 알고 있는 것

이죠. 반면에 불확실하게 아는 것에 대해서는 믿을 수도 있고 믿지 않는 경우도 있어요. UFO로 예를 들어 볼게요. UFO의 존재를 주장하는 사람이라도 그것의 존재를 안다기보다 몇 가지 근거를 통해서 믿을만한 것임을 주장해요. 아는 것은 믿을 수 있지만 믿는 것 중에는 알지 못하는 것도 있다는 뜻이지요. 그림(1)은 이런 포함관계를 잘 나타내고 있어요.

　그림(2) "꿈인지 생시인지 아직도 믿기지 않아요."라는 표현에는 '사실임을 알고는 있지만 아직도 실감이 나지 않아서' 라는 뜻이 생략된 것입니다. 믿음 안에 포함되지 않는 앎 혹은 믿기 어려운 앎이 있을 수 있다는 뜻이죠. 앎과 믿음의 관계를 이와 달리 생각하게 하는 친숙한 표현들도 있어요. 그림(2)는 이런 포함관계를 잘 나타내고 있어요.

　그림(3) 우리 주변에는 "확실히 아는 것만 믿는다!"고 단호하게 말하는 사람도 있죠? 그의 말은 믿음이란 궁극적으로 앎과 일치해야 한다는 생각이에요. 다르게 생각하면 자신이 믿는 것은 '일단 믿어보라.' 고 하지 않고도 증명을 통해 확실하게 알려줄 수 있다는 자신감

이 배어 있어요. 이것을 나타내는 그림(3)은 그림(1)과 (2)를 함께 추구하는 입장이라 볼 수 있어요.

그림(4) 앎과 믿음은 서로 일치하지 않고 다른 영역에 따로 있다는 입장이에요. 우리가 평소에 하는 말 중에서 볼까요? "알게 뭐야. 그렇지만 그냥 믿어보겠다.", "(어떤 사실을) 알고는 있지만 믿어지지 않아."라고 말할 때가 있어요. 대개 이런 입장은 앎과 믿음을 정확하게 분리시키는 기준에 따르는 것이 아니라 자기 나름대로 판단하는 것이 보통이죠. 그런데 중세 후기 스콜라철학에서 앎과 믿음을 구별하는데 있어 정확한 분리를 제시하였어요. 앎(경험적 지식)의 대상인 실체들의 이름 중에서 믿음의 대상인 이름을 없애는 것이죠. 이 때 필요한 것이 바로 **'오캄의 면도날'**이랍니다. 오캄(1285-1349)은 예리한 철학적 면도날을 사용하여 **앎과 믿음의 분리**를 확고한 분별 원리 위에 세울 수 있었던 것이죠.

오캄의 영향
주의주의자(의지론자)인 오캄은 신학자로서 중요한 위치를 차지해요. 아울러 오캄은 근대경험과학의 진정한 선구자로 평가되죠. 그 이유는 오캄이 철저한 유명론자이기 때문이에요. 중세시대, '천사와 같은 존재는 우리 마음속에나 있는 이름뿐인 것'이라는 유명론적 주장을 했다는 것은 목숨을 내건 일이었어요. 이런 주장은 신앙을 왜곡시키지 않기 위한 오캄의 과감한 주장이었죠. 오캄은 앎과 믿음의 문제를 분리시켰으며, 그 영향은 뜻밖에도 원래 의도보다는 더욱 큰 성과를 불러 일으켰죠. 오캄의 철학은 오늘날까지 어떤 영향을 주고 있는지 알아봐요.

이름뿐인 것을 실재하는 존재로 여기지 마라

여러분은 전생, 환생같은 것을 믿나요? 최면과학의 전생, 윤회, 환생, 텔레파시 등의 개념을 심령과학이라고 해요. 우리가 말하는 일반적인 과학과는 다른 개념이죠. 왜냐하면 과학의 대상으로 볼게 아니라 신앙의 문제니까요. 이런 유사과학의 혼란된 문제들을 제거해내기 위해서는 오캄의 면도날이 여전히 유효하답니다.

불필요한 가설을 내세우지 마라

혈액은 심장에서 끊임없이 생성되어 혈관을 통해 흐른다는 가설이 고대부터 있었어요. 하지만 16세기 하비는 실험관찰을 통해 혈액이 계속해서 순환하는 물질임을 밝히고 잘못된 가설을 바로 잡았죠. 오늘날 보기에는 우습기 짝이 없는 내용도 당시에는 언제나 권위 있는 학설이었기 때문에 바로잡기 위해서는 오캄의 논리 철학적 면도날을 사용하는 지적 용기가 필요했답니다.

간단하게 설명할 수 있는 것을 복잡하게 만들지 마라

천문학에서 프톨레마이오스의 천동설에 따르는 태양계의 구조는 복잡하기 짝이 없어요. 하지만 코페르니쿠스와 갈릴레오로 이어지는 지동설은 간명하게 설명되죠. 이런 발상의 전환에도 오캄의 면도날 적용이 결정적이었답니다.

진리는 잡다하지 않고 단순명쾌하다

심지어 회화와 건축 등의 분야에서도 군더더기를 최대한 제거하는 기법이 유행해요. 오캄의 면도날을 '단순한 것이 아름답다.'고 살짝 바꿔 적용한 미적 버전이라 할 수 있죠.

　오늘날 미디어가 급속히 발달함에 따라 우리는 정보의 홍수 속에 살고 있습니다. 여기에 진짜 필요한 것은 불필요한 정보를 가려내어 버리는 일입니다. 왜냐하면 정보가 지나치게 많으면 판단력이 흐려지고, 나쁜 결과를 가지고 올 수 있습니다.

　현대의학이 비만을 질병으로 규정한 것은 신체에만 적용되는 것이 아니라는 생각이 드네요. 우리는 정보와 사고의 영역에도 절실한 다이어트가 필요한 시대에 살고 있습니다.

　그러므로 우리에게는 오캄의 날카로운 면도날이 필요합니다. 저 멀리 플라톤의 시대부터 두드러지기 시작한 실재론의 군더더기 수염 역시 오늘날까지 끈질기게 자라고 있기 때문이지요. '오캄의 면도날은 플라톤의 수염을 자르기 위한 것'이라는 철학적 우스갯소리가 빈말이 아닌 이유도 여기에 있답니다.

에필로그

"아유, 아침부터 왜 이리 밖이 시끄럽냐. 웅? 이게 무신 소리여?"

"아, 어머니, 사다리차 소리예요. 옆집 아라네가 이사 간다고요."

할머니가 방에 있다가 나오시며 귀가 아프다고 찡그리니 엄마가 대답하십니다.

"아라네? 아 거 옆집에 얼굴 하얀 애 말이냐? 이쁘장 하니, 나만 보면 싹싹하게 인사두 잘하더구먼. 왜 이사 간다냐?"

"아라네 아빠가 갑자기 지방으로 직장을 옮겼대요. 그동안 이웃에서 정 들고 좋게 지냈는데, 아쉽네요. 아라 엄마, 사람이 참 괜찮았는데."

엄마가 정말 아쉬움이 가득한 목소리로 말했습니다. 나는 괜히 기분이 그래서 텔레비전에만 눈을 두고 있었습니다. 사다리차 소리가 나니까 강아라 이사한다는 게 이제야 실감나네요.

"거의 짐을 다 내렸나 보네요. 한번 나가봐야겠네."

엄마가 창밖으로 의지네 집 쪽을 보더니 스웨터를 걸칩니다.

"의지야, 아라 너희 반 아니었어? 티격태격해도 같이 지낸 게 몇 년인데 나가서 인사라도 하지 그러니."

나가려다말고 소파에 있는 내가 눈에 띄었는지 엄마가 말하네요. 나는 나가서 인사를 해야겠다는 생각이 들면서도 이상하게 얼른 몸이 일어나지지가 않아서 그냥 가만히 있었습니다. 강아라가 이사 가기를 그동안은 그렇게 바랐지만 막상 이사 간다니 영 좋지가 않아요. 이런 게…… 미운정이라는 걸까요?

"강아라 가는 거, 속이 다 시원해요. 근데 내가 왜 인사를 해."

그만 내 속마음과는 다른 대꾸가 나와 버렸습니다. 사실은 나가 보고 싶은데…….

소파에서 계속 뒹굴뒹굴 하다가 갑자기 나는 자리에서 벌떡 일어났습니다. 강아라네가 짐을 트럭에 모두 싣고 이제 막 떠날 것처럼 보였거든요. 아무래도 잘 가라는 인사는 해야겠습니다. 나는 얼른 현관을 열고 밖으로 나갔지요.

다행히 강아라는 집 앞에 있었습니다. 막 차에 타고 가려던 참이었나 봅니다.

"강아라, 잘 가라."

막상 강아라 앞에 서니까 별로 할 말이 없어 무뚝뚝하게 한마디 하고 말았습니다. 강아라는 샐쭉하게 나를 쳐다보더니 대꾸했지요.

"나 간다고 속이 시원해서 안 나오는 줄 알았더니. 나, 간다고 섭섭해도 울지 마."

"피, 무슨 소리. 너무 좋아서 춤이라도 나올 것 같다, 야."

"나 없으면 너는 이제 무슨 낙으로 살래?"

"너야말로! 놀려먹을 사람 없어서 어떡하려고?"

"내가 언제 널 놀렸냐?"

"제주 흑돼지라고 안 그랬냐? 이 강아지야."

"아니, 이 녀석들은 가는 마지막 날까지 싸우니? 싸우는 정이 더 깊은 거 모르나 보구나. 아니, 어떻게 이렇게 빨리 이삿짐을 쌌대요? 하마터면 못 만나고 갈 뻔했네."

그때 같은 교회에 다니는 아줌마들이 몇 명 찾아왔습니다. 강아라 엄마와 우리 엄마는 그 아줌마들과 둘러서서 무슨 얘긴가를 한참 하고 있네요. 나와 강아라만 머쓱하게 서 있게 돼 버렸습니다.

"암튼 잘 가라."

"그래. 근데 너 살 너무 빼지 마라. 지난번엔 미안했어. 그렇게까지 심하게 말할 생각은 아니었는데 흑돼지라고 놀리긴 했지만 너는 지금 모습이 더 보기 좋아."

웬일일까요? 강아라가 나한테 좋은 말을 다 해주고 말이에요.

"너, 뭐 잘못 먹었냐? 왜 그래? 이러다 또 무슨 약을 올리려고."

"아니야. 정말이야. 내가 너 약 올리고 놀린 거, 사실은 너한테 관심있어서 그랬어. 너랑 말 붙이고 장난 치고 싶어서. 너랑 그러는 게 재미있었거든."

점점…… 강아라가 진짜 이상한데요?

"야, 너 하던 대로 해. 적응 안 된단 말이야."

"사람 진심을 왜 그대로 안 듣니? 암튼 너랑은 이래서 싸울 수밖에 없다니까!"

강아라가 발끈해서 목소리를 높입니다.

"아, 알았어. 그래, 나도 네가 간다니까 많이 섭섭하다. 그래도 매일 보던 지긋지긋한 얼굴인데."

"지긋지긋한 얼굴? 흥! 그래, 이제 사라져 줄게! 꽃님이랑 잘 해보셔!"

엥? 꽃님이 좋아하는 거 강아라가 눈치 챘을까요? 어떻게 알았을까? 내 눈이 둥그레지자 강아라가 알아챘다는 듯이 대답합니다.

"너 얼굴에 다 쓰여 있는데 뭘. 꽃님이 볼 때 헤~하는 네 얼굴에 말이야. 나는 뭐 네 뚱뚱한 몸이 더 보기 좋지만 꽃님이는 그렇지 않으니까, 몸매 관리 하는 건 네 맘이야. 앞으로 잘 해봐. 그리고 우리 동네도 잘 지키고. 알았지?"

강아라가 그러면서 손을 내밀었습니다. 그만 가야할 시간인가 봅니다. 나는 강아라의 손을 마주 잡으며 괜히 쑥스러워서 실실 웃었지요. 강아라랑 이렇게 지낼 걸. 강아라 엄마 말대로 미운정이 더 깊은가 보네요. 한동안 강아라 없는 빈자리가 크게 느껴질 것 같습니다. 며칠 전 꾸었던 꿈처럼 강아라가 멀어져 갑니다. 눈시울이 뜨거워집니다. 강아라가 탄차가 보이지 않을 때까지 그 자리에 서 있었습니다.

'잘 가라, 강아지! 나도 그동안 미안했어!'

통합형 논술
활용노트

01 다음 제시문을 읽고 물음에 답하세요.

(가)

애플 컴퓨터의 수익이 고공행진을 하고 있다. 순수익이 전년보다 배가 늘었는데 주된 원인은 대박 상품인 MP3 플레이어 아이팟 때문이다. 아이팟은 가장 잘 나가는 제품이지만 기능은 다른 제품들에 비해 떨어진다. 디자인이 단순해서 젊은 층에 인기가 많다. 기능과 디자인 모두 단순화시킨 결과이다.

– 2006년 4월 17일 ○○일보 중

(나)

…… 그러면서 진리를 탐구하기 위해 필요한 원리를 제안했지. 바로 다음과 같은 것들이야. 첫째, 존재자의 수를 불필요하게 늘려서는 안 된다. 둘째, 불필요하게 다수를 설정해서는 안 된다. 셋째, 소수를 가정해 설명할 수 있는 것을 다수를 가정해 설명하는 것은 헛되다."

선생님의 얘기가 끝나자마자 대호가 환한 표정(뭔가 생각난 게 있을 때의 대호 표정이죠.)으로 말합니다.

"그게 오캄의 면도날이라는 거군요!"

지난번에 무슨 책 얘기하면서 대호가 말하던 게 생각났습니다. 그때도 오캄의 면도날 얘기를 했지요. 면도날 선생님에게 면도날 이론을 듣다니, 참 우습지요?

"선생님 말을 앞질렀네. 어떤 이론을 설명할 때는 간결하고 단순해야 한다는 뜻으로 오캄이 말했던 건데 후대 사람들이 면도날로 불필요한 것을 잘라내야 한다는 의미에서 면도날 이론이라고 불렀단다. 서양 고사성어에도 '오캄의 면도날'이라는 말이 있을 정도로 유명한 말이지."

– 〈오캄이 들려주는 면도날 이야기〉 중

1. 여러분은 MP3나 휴대전화, 다른 물건을 사려고 할 때 무엇을 먼저 보고 결정하나요? 제시문(가)가 말하고 있는 현상을 생각하면서 적어 보세요.

2. 제시문(가)에 있는 아이팟 MP3와 제시문(나)에 있는 오캄의 면도날의 공통점은 무엇인지 설명해 보세요.

02 다음 제시문을 읽고 물음에 답하세요.

(가)

나는 그 말뜻도 못 알아들었지요. 나중에 대호에게 물어보니까 사물이 형체를 갖기 이전의 근원적인 모습이 형이상이라 하고 형체를 갖춘 것을 형이하라고 했습니다. 물론 나는 대호의 대답을 더 못 알아들었답니다. 계속 되물으니까 대호가 아주 간단하게 말해 주었죠. "뭐 더 쉽게 말해서 밥을 좋아하는 너는 형이하학적인 거고, 책을 좋아하는 나는 형이상학적인 거라고 할 수 있지."

– 〈오캄이 들려주는 면도날 이야기〉 중

(나)

하지만 브라트와 기어스틴이 미처 깨닫지 못한 게 있었다. 각자의 소원을 이루기 위해 가장 중요한 두 가지를 방금 자신들이 했다는 사실 말이다. 그 하나는 믿음이었다. 단 1초 동안일지라도 두 사람 모두 별똥별이 소원을 이루어 줄 수 있다고 믿었다. 그리고 또 하나! 그 믿음의 순간에 두 사람은 별똥별을 보고 실제로 소원을 빌었다.

– 〈시간의 여행자〉(세르지오 밤바렌 지음, 이룸) 중

1. (가)를 읽고 형이하학적인 것과 형이상학적인 것의 차이를 생각해 보고, (나)에서 그 두 가지가 어떻게 서로 관계를 맺고 있는지 이야기해 보세요.

2. 여러분이 좋아하는 여러 가지 것들을 형이하학적인 것과 형이상학적인 것으로 나누어 보고, 진정으로 좋아한다고 말할 수 있는 건 어느 쪽인지 이야기해 보세요.

통합형 논술
문제풀이

01 1. 우리는 스스로 MP3나 휴대전화와 같은 비싼 제품을 살 수는 없습니다. 대부분 선물로 받거나 부모님께서 사 주시는 경우가 많습니다. 선물로 받고 싶은 것을 말하라고 하면, 보통 주변 친구들이 많이 쓰고 있거나 유행하고 있는 물건이 머리에 먼저 떠오릅니다. 나에게 꼭 필요한 것보다는 유행하고 있는 것을 더 중요하게 여기는 경우가 많습니다. 하지만 유행보다 더 중요한 것이 있습니다. 제품이 얼마나 쓸모 있고, 튼튼하며, 사용하기 편리한가 하는 것입니다. 제시문(가)에 있는 아이팟 MP3는 기능이 단순해서 조작하기 편하고, 디자인도 세련된 모양을 하고 있습니다. 하지만 제품 자체의 기능이 좋지 않다면 사람들의 사랑을 받을 수 없을 것입니다. 아이팟 MP3는 기능이 단순하면서도 뛰어나고, 디자인도 세련되어 인기를 끌고 있습니다. 현대인들은 아이팟 MP3가 가진 단순한 기능과 세련되고 깔끔한 디자인을 좋아합니다. 복잡한 삶을 살아가는 현대인들은 매일 사용하는 제품에서만은 간편하고 편리한 것을 찾고 있는 것이지요. 단순히 유행을 따르는 것보다는 생활의 편리함과 유익함을 생각하는 자세가 필요합니다.

2. 기계가 발달하면서 하나의 제품에 복합적인 기능이 내재되어 있는 제품이 많이 나왔습니다. 휴대전화이면서 디지털 카메라이고, MP3이면서 전자사전이고, 그러면서 내비게이션이고, PMP입니다. 복잡한 기능으로 인해 안내서를 보고 한참을 익혀야 하며, 누르는 버튼도 많아 사용하기가 어렵습니다. 그러나 제시문(가)에 나와 있는 MP3는 불필요한 기능을 없애 음악을 듣는 MP3로서의 기능만을 살렸습니다. 게다가 디자인까지 면도날로 그은 듯한 직사각형으로 깔끔하고 단순한 모양입니다. 이것은 제시문(나)에 설명되어 있는 오캄의 면도날을 이용하여 제품을 개발한 사례로 볼 수 있습니다. 불필요한 다수를 만들어서는 안 되고, 단순한 것이 진리에 가깝다는 오캄의 주장을 적용시켰습니다. 그래서 불필요한 기능과 디자인은 모두 잘라 버렸습니다. 오캄은 '설명은 간단할수

록 더 좋다.'고 하였습니다. 제품도 단순하고 간결한 기능으로 편의를 줘야 합니다. 이런 기능을 가진 아이팟 MP3는 오캄의 면도날을 현대 생활에 응용한 사례입니다.

02 1. (가)에 따르면 형이하학은 우리가 감각으로 알 수 있는 물질이나 현상적인 것에 관한 학문이고, 형이상학은 생각이나 정신적인 것에 관한 학문을 말합니다.

(나)에 나오는 브라트와 기어스틴은 별똥별을 보며 소원을 빕니다. 별똥별 자체는 빛을 내는 행성이 빠르게 이동하는 현상으로 형이하학적인 것이라고 할 수 있습니다. 하지만 브라트와 기어스틴이 소원을 비는 것은 원하는 바가 이루어지길 바라는 소망과 믿음에서 나오는 행동입니다. 이것은 형이상학적인 인간의 정신 영역입니다. 우리는 브라트와 기어스틴처럼 세계 속 사물과 현상들에 정신적인 의미를 두며 살아갑니다. 눈으로 볼 수 없는 형이상학적인 생각들을 형체가 있는 형이하학적인 것들에 부여함으로써, 우리는 형이상학적인 것과 형이하학적인 것을 관련지어 세계를 바라볼 수 있습니다.

2. 눈, 코, 입, 귀, 피부를 통해 감각으로 알 수 있는 것들은 형이하학적이라고 할 수 있습니다. 내가 좋아하는 매운 떡볶이, 톡 쏘는 향의 레몬, 은은한 선율의 바이올린, 촉감이 부드러운 스웨터, 붉은 색의 예쁜 장미와 같은 것들은 형이하학적인 것에 속합니다. 하지만 같은 눈으로 보더라도 영화나 책 같은 경우엔 그것을 좋아하는 이유가 감각적인 데 있는 게 아니라 정신적인 데 있습니다. 눈에 보이는 영상이나 글자들 자체가 좋은 게 아니라, 그것을 통해 내가 스스로 생각하고 깨닫는 메시지나 스토리가 좋기 때문입니다.

또 특정한 소리나 냄새, 촉감이나 맛을 좋아할 때에도 그것과 관련된 경험 때문에 좋아하게 된 경우도 있습니다. 엄마가 해 주시던 떡볶이나 아빠와 목욕할 때 쓰던 레몬 비누 향을 좋아하는 것처럼 말이죠.

따라서 한쪽이 진정으로 좋고 다른 쪽은 그렇지 않다고 할 순 없습니다. 엄마가 그리워서 떡볶이 맛이 그립기도 하지만, 떡볶이를 먹다가 엄마 생각이 나기도 하는 것처럼 말입니다.